HOTEL

酒店服务赛事技能培训教程

主　　编 ◎ 广州市旅游商务职业学校

执行主编 ◎ 李伟慰　谭子华　杨镇武

中国旅游出版社

编委会名单

主　　　编：广州市旅游商务职业学校

执 行 主 编：李伟慰　谭子华　杨镇武

执行副主编：张远连　麦毅菁　王燕飞

参　　　编：黄　丹　苏敏琦　刘　蓓　王　芸　江振华　韩　鹏
　　　　　　王　玲　黄爱时　黎志坚　梁　银　李雪英　何芷玲
　　　　　　王梦圆

审 稿 专 家：韩　鹏　阎文实　伍剑琴　彭声堃　匡家庆　刘翠萍
　　　　　　樊　平

技术支持单位：广东时机信息科技有限公司
　　　　　　苏州卡夫卡家具有限公司

前　言

目前，我国已经构建起全球规模最大的职业教育体系。世界职业院校技能大赛作为推动职业教育改革与发展的重要手段和创新载体，体现了从更广阔的视角审视教育、以更高站位组织赛事的重大制度突破。该赛事在引导教学、教材与教师"三教"改革、提升技能型人才的培养质量以及促进职业教育国际化交流等方面发挥了核心引领作用。同时，其对满足国家关键领域及重点行业的发展需求、推动区域经济社会发展、实现人的全面发展以及增强我国职业教育在全球范围内的影响力具有深远的战略价值。

在2024年中职酒店服务赛项中，参赛队伍能够依据赛道安排，结合专业特性，围绕生产、管理和服务一线岗位的实际需求与实践标准，自行确定参赛项目的名称、规划参赛内容并挑选所需设备。这一创新举措突破了以往由专家根据技术规范设计赛题、学生被动按照赛题准备和参赛的局限性。通过遵循"企业需要什么技能，学校就教授什么；学生练习什么，比赛就考察什么"的理念，充分尊重技能人才的成长规律以及学校的教育教学规律，精准定位企业在技能人才培养中的需求与学校的角色分工。在此基础上，不仅注重产业需求对教育的引导作用，而且进一步巩固了学校在技能人才培养中的基础地位，有效推动大赛内容与技术革新及产业发展相融合，从而实现产教深度融合的目标。

大赛在评分机制上实现了显著创新，首次引入了"技能水平、职业素养、应用价值、团队合作、创新创意"五大核心评价维度。该体系将量化评分与综合评估相结合，采用结构化评分模式，其中技能水平占60%，其余四项各占10%。这一设计在保持对专业技能高度关注的同时，也将考核重点从单纯的"熟练度"竞争转向对参赛者综合素质的全面考量。

本书紧扣世界职业院校技能大赛中职组酒店服务赛项的评价标准，精心规划了七大任务模块。本书的内容涵盖赛事解读与分析、任务要点剖析、技能提升策略、创新思维培养、职业素养塑造以及团队协作强化等多个方面，层层深入，全面覆盖备赛全流程。每个模块均采用"教、学、训、赛"一体化设计理念，结合典型案例解析、标准化操作演示和模拟实战演练等多种形式，助力学生精准掌握赛事关键点，全面提升服务意识、操作技能、应变能力和职业竞争力，本书特色鲜明，具体如下：

1. 紧扣赛事标准：深入解读酒店服务赛项的评分规则、技术文件与行业规范，确保训练内容与赛事要求高度契合。

2. 强化职业素养：通过将礼仪规范、服务意识及工匠精神等职业素养融入教学实践，培养兼具技能与素养的复合型人才。

3. 突出团队协作：设计团队任务模块，引导学生在分工合作中提升沟通能力与责任担当意识。

4. 融合数字资源：提供配套的教学视频、模拟题库以及行业前沿资讯等数字化学习资源，全方位拓展学习维度。

本书不仅能够满足职业院校酒店服务相关专业的教学需求，为学生参加各类技能大赛提供充分的备赛指导，还可以广泛应用于职业技能培训以及行业技能竞赛的参考之中。通过系统学习本书的内容，学生不仅可以掌握扎实的专业知识和操作技能，还能够在技能大赛中脱颖而出，取得优异成绩。更重要的是，这种学习经历将帮助他们在未来的职业生涯中不断积累经验与实力，逐步成长为推动酒店行业实现高质量发展的核心力量。

职业教育的本质在于将理论知识与实际操作紧密结合，并在此基础上激发学生的创新思维。酒店服务行业作为服务业的重要组成部分，对从业人员的专业素养和服务意识提出了极高的要求。因此，职业教育不仅要注重培养学生的实践能力，还需要引导他们树立创新意识，以适应行业的快速发展和变化。而技能大赛正是一个重要的平台，它不仅考验参赛者的专业技能水平，更强调选手在压力环境下突破自我、超越极限的能力。通过参与这样的赛事，学生可以更好地认识自身的优势与不足，从而明确未来努力的方向。

2025 年是全面贯彻党的二十届三中全会精神和全国教育大会部署的关键时期，同时也是落实《教育强国建设规划纲要（2024—2035）》的重要阶段。为了进一步增强大赛的综合育人作用，提升赛事组织的科学性，塑造职业教育的国际影响力，并推动大赛更好地服务于区域经济社会发展，2025 年的赛事需在总结 2024 年大赛升级经验与成效的基础上，稳固已有改革成果，深入挖掘赛事内涵，优化制度框架，聚焦强化大赛的育人功能这一核心目标，持续提升赛事水平，努力将其建设成为具有广泛影响力的职教品牌。

愿本书能够成为每一位学子成长道路上不可或缺的助力工具。无论是课堂学习还是实际操作，无论是备赛训练还是职业规划，本书都将为学生提供全方位的支持。我们期待每位学子都能借助本书的力量，在职业舞台上展现出卓越的风采。同时，也希望他们在追求个人价值实现的过程中，能够为酒店行业的持续进步与发展贡献自己的力量，最终达成个人成长与行业发展的双赢目标。

作者

2025 年 6 月

目　录

项目一　酒店服务赛事解读 ·· 1

　　任务 1　赛事内容与赛事要求解析 ······················· 1

　　任务 2　评分标准与评分方式解读 ······················· 7

　　任务 3　赛事创新与应用价值解读 ······················· 18

项目二　赛事职业素养养成 ·· 25

　　任务 1　前厅服务职业素养养成 ························· 25

　　任务 2　客房服务职业素养养成 ························· 36

　　任务 3　餐饮服务职业素养养成 ························· 45

　　任务 4　酒水服务职业素养养成 ························· 55

项目三　赛事技能水平提升 ·· 68

　　任务 1　前厅服务技能水平提升 ························· 68

　　任务 2　客房服务技能水平提升 ························· 81

　　任务 3　餐饮服务技能水平提升 ························· 94

　　任务 4　酒水服务技能水平提升 ························· 109

项目四　赛事团队沟通协作 ·· 130

　　任务 1　团队组织与职责 ······························· 130

任务 2　团队协作与沟通 ·································· 142

项目五　赛事主题活动策划 ·································· 153
　　任务 1　基于节庆类型的主题活动策划 ·············· 153
　　任务 2　基于宾客类型的主题活动策划 ·············· 160
　　任务 3　基于文化类型的主题活动策划 ·············· 168
　　任务 4　基于其他类型的主题活动策划 ·············· 178

项目六　赛事服务创新设计 ·································· 187
　　任务 1　前厅服务创新设计 ························ 187
　　任务 2　客房服务创新设计 ························ 193
　　任务 3　餐饮服务创新设计 ························ 200
　　任务 4　酒水服务创新设计 ························ 209

附录 1　酒店服务赛项设备与物品清单 ·················· 222
附录 2　酒店服务赛场平面图 ·························· 229

项目一
酒店服务赛事解读

任务 1　赛事内容与赛事要求解析

学习目标

1. 熟悉世界职业院校技能大赛旅游赛道（酒店服务赛项）的目标与任务。

2. 熟悉世界职业院校技能大赛旅游赛道（酒店服务赛项）的赛道设置与赛制安排。

3. 熟悉世界职业院校技能大赛旅游赛道（酒店服务赛项）的参赛项目要求与队伍设置。

知识准备

一、赛事目标与任务

（一）强化大赛综合育人功能

1. 专业技能打磨

世界职业院校技能大赛在原来全国职业院校技能大赛的基础上进行了较大调整与革新。新的赛程赛规不再局限于传统单一的技能考核，而是通过赛道内不同技能同台竞技，全面考查学生的专业技能。在酒店服务赛项中，学生不仅要擅长前厅服务，还需掌握餐饮、客房、营销等多方面的专业知识与技能，从基础的服务流程到复杂的操作细节，促使学生全方位提升专业技能与素养，以应对酒店行业复杂多变的工作场景和酒店消费者多元的消费需求。

2. 职业素养提升

在酒店服务的整个赛事过程中，从参赛队伍的准备到比赛的各个环节，都要求参赛队指导老师和学生以专业、严谨的态度对待。无论是技能操作的规范性，还是现场讲解的专业性，都在潜移默化地培养学生的职业素养，让学生提前适应酒店行业的职业要求，树立正确的职业价值观。

3. 协同配合锻炼

酒店服务赛项的参赛队需按团队成员分工完成各项任务，这就要求学生具备良好的协同配合能力。在完成一个完整的酒店服务工作任务时，有的学生负责前台接待，有的学生负责客房布置，有的学生负责餐饮服务，只有各成员紧密协作，才能高效完成任务，从而提升团队对客服务能力。

4. 创新意识激发

酒店服务赛项的参赛队要求自主设计比赛任务的名称、内容和选择参赛设备，给予学生充分的发挥空间。学生可以结合当下酒店行业的数字化技术、智能化服务、绿色环保等创新理念，设计出别具一格的比赛内容，在这个过程中，学生的创新意识得到激发，也能将创新思维运用到实际的酒店服务中，真正做到比赛服务于行业，行业指导比赛，真正实现产教融合和以赛促教。

5. 综合能力提升

比赛形式要求学生在完成技能操作的同时进行现场讲解，这不仅考查了参赛学生的实践动手能力，还锻炼了学生的表达能力，让学生能够清晰地阐述自己的服务理念和操作思路。在比赛过程中，面对各种突发情况，学生需要结合酒店处理突发情况的流程与标准迅速做出反应，提升了参赛选手的应变能力。同时，通过运用专业技能解决遇到的现实问题，进一步增强了学生运用专业技能解决现实问题的能力。

（二）提升赛事实施科学水平

1. 技能考查全面化

改变以往赛项内与具体专业对应的单一技能比拼做法，通过赛道内不同技能之间同台竞技，注重考查基于技能操作表现出的综合素质。参赛团队不再局限于单一的前厅、餐饮或客房服务技能展示，而是需要综合运用多方面技能，体现团队协作与整体服务能力。这要求参赛学生不仅要有扎实的专业技能，还须具备良好的团队协作能力、应变能力以及表达能力等。

2. 自主设计权增强

强调三个自主内容的设计，即自主设计比赛名称、自主设计比赛内容和自主选择参赛设备。与从前专家依据专业设计赛题、学生依据赛题被动参赛不同，如今参赛选手们有了更强的"话语权"。参赛队伍可以结合当下酒店行业的发展趋势自主设计具有创新性的比赛内容，更好地展现酒店职业所需的高水准技术技能，促进酒店职业教育与产业需求的紧密对接。

3. 比赛形式多元化

参赛队伍需根据工作任务，按团队成员分工使用相应设备完成各项技能操作，同时进行现场讲解。技能操作重点展示专业技能熟练程度、规范程度、解决复杂问题的综合能力以及解决技术难题的创新能力，现场讲解主要介绍总体思路、技能要点、主要成果、项目创新等。在争夺赛中，参赛队伍须完成一个完整的工作任务，每项比赛时长可由各参赛队伍根据项目实际需要确定，但总时长不超过 1h，在技能操作的同时，对关键技术环节安排适当讲解；而排位赛、冠军总决赛每项比赛时长为 10min，重点展示核心技能和关键环节。这种比赛形式的设计，全面考查了参赛选手的实践操作能力与理论阐述能力。

4. 提升赛事实施科研水平

根据国家产业发展需要，着眼人才培养适应性，在相近、相关、相连专业类基础上设置赛道，改变以专业为基础设置赛项考查学生单一工种技能的现象。在旅游赛道（酒店服务赛项）中，不再单纯孤立地考查前厅服务、客房服务等单一专业技能，而是将酒店运营涉及的多个相关专业技能整合在一个赛道。这样设置赛道，能让学生提前适应产业实际需求，使职业教育培养的人才与产业需求高度契合，提高人才培养的有效性和实用性，进而提升赛事在人才选拔与培养导向方面的科学水平。

（三）打造职业教育国际品牌

举办世界职业院校技能大赛，积极吸引国际学生参赛，是打造职业教育国际品牌的关键路径。一方面，国际学生的参与能带来多元的文化视角和不同的职业教育理念，丰富赛事的内涵。同时，不同国家的学生带来各自独特的酒店服务风格和管理模式，通过交流碰撞，为赛事注入新的活力。另一方面，赛事为我国职业教育提供了展示平台，当国际学生深入体验我国职业教育的教学模式、实践课程以及大赛组织的科学性与专业性后，会在国际上形成口碑传播，彰显我国职业教育的感召力。通过与国际学生的互动交流，能够向全球输出我国职业教育的标准和模式，逐步塑造我国职业教育在国际上的独特形象，增强塑造力。随着国际影响力的不断扩大，越来越多的国家和地区关注并认可我国职业教育，吸引更多国际教育资源的交流与合作，为我国成为世界重要人才中心奠定坚实的基础，全方位打造具有国际影响力的职业教育品牌。

二、赛道设置与赛制安排

（一）赛道设置

大赛立足职业院校技能大赛教育属性，突出大赛综合育人功能，依据《职业教育专业目录（2021 年）》，在 19 个专业大类基础上，按照相似性、可比性原则，兼顾招生布点和原国赛赛项设置情况，结合职业教育专业内涵和教育教学实际，充分考虑国家产业发展方向、重点行业、民生福祉密切相关产业和生产实践需要，设置 42 个赛道。

（二）赛制安排

大赛设校级初赛、省级复赛、总决赛三级赛制。

（1）校级初赛由各学校组织实施。

（2）省级复赛由各省级教育行政部门组织实施。

（3）总决赛分争夺赛、排位赛、冠军总决赛三个阶段进行。总决赛由大赛执委会负责统筹，其中，争夺赛由 32 个赛区组织实施，排位赛和冠军总决赛由天津赛区组织实施。原省赛对应的国赛赛项一等奖（第一、第二名）获得参加 2024 年争夺赛资格，其中中职赛项各计划单列市增加 1 个参赛名额。各有关地方和学校需根据本方案，优化参赛队伍结构，指导参赛队伍根据赛道设置明确参赛赛道，确定参赛项目。

三、总决赛参赛项目要求与队伍设置

（一）项目内容与呈现

1. 项目内容

参赛队伍根据赛道设置，结合专业要求，围绕生产、管理、服务一线岗位实际需求和实践要求，立足技能创新，自主确定参赛项目名称，自主设计参赛项目内容，自主选择参赛设备。

2. 项目呈现

参赛队伍依据项目任务，按团队成员分工，同步进行技能操作和现场讲解。技能操作重点展示专业技能熟练程度、规范程度以及解决技术难题的创新能力，现场讲解主要介绍总体思路、技能要点、主要成果、项目创新等。

争夺赛每项比赛时长可由各参赛队伍根据项目实际需要确定，不超过 1h，在技能操作的同时，对关键技术环节安排适当讲解。排位赛、冠军总决赛每项比赛时长为 10mins，重点展示核心技能和关键环节。

（二）评分要素

主要从技能水平、职业素养、应用价值、团队合作和创新创意五个方面，按权重对参赛队做整体评价（见表 1-1-1）。

表 1-1-1 评分要素细分指标

一级指标	二级指标	权重（%）
技能水平	·熟练掌握本专业或工作岗位的技能 ·技能操作规范，符合行业和岗位标准 ·具备较高的技能操作水平及解决复杂问题的综合能力	60
职业素养	·展现较好的职业伦理，具有工匠精神 ·展现学校对学生全面培养、基本素养培育和成长发展的成效 ·展现职业教育育人成果，体现产教融合、科教融汇 ·具备良好的职业道德、职业精神、职业素养	10

一级指标	二级指标	权重（%）
应用价值	• 有助于解决生产一线的实际问题或现实困难 • 能够促进职业学校学生高质量就业，包括直接间接推动扩大就业规模等 • 对推动产业转型升级、区域经济发展、乡村振兴、城市社区治理、城乡融合发展等具有积极作用 • 符合绿色低碳节能的可持续发展理念，有利于改善人民生活、提升人民生活质量	10
团队合作	• 团队成员能够准确理解共同目标和任务，清楚自己的角色定位和职责 • 团队成员在比赛中能够有效沟通、紧密协作 • 团队成员能够相互补台，共同应对突发情况 • 团队成员相互尊重、信任和支持，拥有良好的团队氛围	10
创新创意	• 体现原始创意、创新 • 体现面向职业和岗位的创意及创新，侧重于加工工艺创新、实用技术创新、产品（技术）数字化改良、应用性优化、民生类创意等 • 体现团队成员的创新精神和创新能力	10

（三）参赛队伍

1.组别设置

总决赛设国内组、国际组，其中：国内组设中职组、高职组 2 个组别；国际组设 1 个组别，共 3 个组别。

2.参赛对象

中职组、高职组参赛队伍为职业学校（含港澳台）全日制在校学生及 3 年内毕业生（以报名时间为准）。

国际组参赛队伍为国外职业学校在校学生（含在华学习人员）及 3 年内毕业生（以报名时间为准）。

3.组队方式

中职组、高职组参赛队伍以学校为单位组队，不得跨校组队。国际组由一所国外学校牵头，可跨国跨校组队（每队中国选手不超过 1 人）。每支参赛队伍不超过 4 人。

任务 2 评分标准与评分方式解读

学习目标

1. 熟悉酒店服务赛项竞赛内容模块构成及主要任务。
2. 熟悉酒店服务赛项竞赛评分标准与评分方式。

知识准备

一、酒店服务赛项竞赛内容模块构成及主要任务

（一）酒店服务赛项竞赛内容模块构成

酒店服务赛项竞赛内容包含两大模块。模块一为技能测试，模块二为综合展示，两个模块独立进行计时，时间到即停止比赛。

1. 技能测试

参赛队须根据比赛当天公布的赛卷信息，完成为客人提供一个完整的酒店服务工作任务。每项比赛时长可由各参赛队伍根据项目实际需要确定，不超过45mins，在技能操作时不讲解，综合展示讲解时需要对关键技术环节安排适当讲解。

参赛队可以自主设计参赛项目主题以及酒店背景，技能展示内容分为必选项和自选项两部分，其中前厅入住、中式铺床、宴会摆台与服务设计为必选项目，咖啡、茶艺、调酒、调饮等制作为自选项目。参赛队伍可以从自选项目中选择一项现场操作。参赛队伍按照3~4个团队成员的工作量，分工进行参赛项目技能展示（不讲解）。本模块主要考察参赛团队对酒店前厅接待、客房、餐饮岗位的熟练程度、规范程度以及解决一线技术难题的创新能力。应急情境处理将在比赛当天公布的赛卷中给出，范围涉及前厅、餐厅、客房等常见应急情

境，主要考察参赛选手对客服务能力、应变能力以及处理应急事件的能力。

2. 综合展示

由参赛队 1 名或多名队员根据第一个模块的竞赛内容和竞赛过程进行展示和讲解，主要介绍总体思路、技能要点、主要成果、项目创新等，同时需要对关键技术环节安排适当讲解。所有参赛队统一不使用 PPT，不能向裁判递交任何物品，展示时间总时长为 10min，时间到即停止展示。比赛过程中不可出现参赛团队所在学校及选手本人的任何信息，否则该部分成绩作零分处理（见表 1-2-1）。

表 1-2-1 酒店服务赛项竞赛内容模块表

赛项	模块	竞赛内容	比赛时长	占比（%）
酒店服务	A. 技能测试	前厅接待全流程	45min	90
		中式铺床＋主题创意布置		
		宴会摆台＋席间服务		
		咖啡、茶艺、调酒、调饮等其他服务（自选其一）		
		应急情景处理		
	B. 综合展示	综合展示	10min	10

（二）酒店服务赛项竞赛主要任务

酒店服务赛项竞赛由技能测试和综合展示两个模块构成，两个模块下又涵盖若干具体工作任务点，其中职业形象任务点 1 个；前厅接待任务点 6 个；客房服务任务点 4 个；中西餐服务任务点各 9 个；其他饮品服务任务点 2 个；团队合作任务点 1 个；应急情景处理任务点 1 个；综合展示任务点 7 个，具体任务点内容如表 1-2-2 所示。

表 1-2-2 酒店服务赛项竞赛任务内容表

模块	竞赛内容	竞赛任务点
A. 技能测试	职业形象	职业形象
	前厅接待	宾客迎接、预订确认、入住登记、酒店设施设备介绍、入住接待结束、综合表现

续表

模块	竞赛内容	竞赛任务点
A. 技能测试	客房服务	工作准备、中式铺床、主题创意布置、综合表现
	中西餐服务	工作准备、台面摆放、餐巾折花、摆台整体效果、迎客入座、酒水服务、菜品服务、餐后服务、服务整体评价
	其他饮品服务	操作过程、饮品呈现
	团队合作	团队合作
	应急情境处理	应急情境处理
B. 综合展示	综合展示	职业形象、职业素养、表达能力、团队合作、应用价值、创新创意、总体评价

二、酒店服务赛项竞赛任务点评分标准与评分方式

（一）职业形象任务点

酒店服务职业形象是指从业人员通过规范着装（整洁得体的制服、光亮舒适的工鞋与深色袜饰）、自然仪容（素颜淡妆、无夸张发型 / 文身 / 饰品）及专业仪态（挺拔姿态、自信微笑与亲和举止）所呈现的行业标准化职业素养，旨在通过视觉与行为的双重规范传递专业可信的服务形象，增强宾客对酒店品质与服务的感知与信任。

职业形象任务点评分项描述与标准包括以下方面：

（1）制服与工鞋穿着。酒店服务从业者要求工作制服干净、整洁、舒适、符合行业标准；黑色皮鞋光亮、干净、舒适，男士穿深色袜子。

（2）仪容整理。禁浓妆、文身，不戴珠宝和涂指甲油；头发整洁，女士头发要扎起，头发不染奇怪的颜色。

（3）仪态与自信呈现。能够全程表现出良好的姿态、仪态，展现高度的自信。

（二）前厅接待任务点

前厅接待是指通过热情问候、信息核验、手续办理、设施介绍及后续服务等环节，确保客人高效完成酒店入住，同时在对客服务过程中展现礼仪规范与

个性化关怀，以提升客人体验感和酒店服务形象的系统性服务过程。

前厅接待任务点评分项描述与标准包括以下方面：

1. 宾客迎接

整理台面，时刻关注客人，做好服务准备。当宾客出现后，能够热情接待及问候，面带微笑，问候语自然，语气亲切。

2. 预订确认

询问客人是否有预订，主要包括准确询问客人的预订信息，如订房确认号码、客人的全名、联系方式等，核实客人身份信息无误。确认全名、退房日期、房间数量及房价（清楚说明房价是否含税及服务费）。

3. 入住登记

进行住店客人有效身份证作传输，正确指示签字位置，并提示客人仔细阅读相关规定。与宾客当面确定预收费用金额，在征询宾客意见后，收取房费押金，提供收取押金证明。制作 IC 卡钥匙，填写房卡套信息，注意保护客人隐私。最后，正确递送表单、文具等用品。

4. 酒店设施设备介绍

介绍酒店设施全面（如餐厅、健身房、会议室等），包括地点、营业时间、收费标准等，要求介绍内容准确，无错误信息。同时，注重细节性服务提供，能够主动关注并满足客人的潜在需求，服务或操作的每一个环节都体现出专业性与个性化。

5. 入住接待结束

在办理完入住登记后，前厅员工应主动提供帮助，如行李服务、贵重物品寄存服务、一次性洗漱用品提供等。最后，使用明确的手势和语言，指引客人抵达客房的具体路线。再次感谢客人并祝入住愉快。

6. 综合表现

前厅接待全程出色完成问候（迎接）礼仪、称呼礼仪、递送礼仪、电话礼仪等，主动询问客人姓氏，并在沟通中至少三次亲切称呼客人，动作规范自如，亲和度高。操作娴熟、自然，客人体验感好。

（三）客房服务任务点

客房服务是指通过规范高效的床品整理、主题化客房情境设计与布置及细节化服务呈现，确保客房设施整洁美观、功能完备，并在服务过程中融入创新性与实用性，同时展现出专业素养与服务美学，以满足客人品质化住宿需求的系统性服务工作。

客房服务任务点评分项描述与标准包括以下方面：

1. 客房服务工作准备

物品摆放整齐、美观，方便拿取。工作准备过程中动作规范、娴熟、敏捷，无物品掉落。

2. 中式铺床

床单一次抛开定位。床单中线居中，表面平整。床单包角样式统一，四边紧密。被套一次抛开平整，正反面及开口方向准确。被子装入被套且整理有序，套好的被子抛开铺在床面，被子与床头齐平。被套中线居中，两侧两头、四角到位平整，表面平整，被子不外露，收口平整。被子床头处翻折45cm，羽绒被尾部自然下垂，尾部两角应标准统一。枕头四角到位，饱满挺括，表面平整。枕套开口方向一致，枕头边与床头平行，枕头中线与床中线对齐。三线对齐，床面整洁，棱角分明，平整美观，整体效果极佳。

3. 客房主题创意布置

房间布置具有创新性，且符合卫生规范，方便客人使用。服务元素齐全，用品选取简洁、方便、环保，物品摆放位置合理。客房主题创意布置总体符合酒店经营实际情况，可推广使用，具有一定的实践价值。

4. 综合表现

客房服务操作过程规范，动作娴熟、敏捷、声轻，姿态优美，展现优秀的岗位气质和礼节、礼貌。

（四）中餐服务任务点

中餐服务是通过规范的台面布置、精准的餐酒服务、专业的菜品呈现及个性化送客服务，融合卫生安全管理、文化内涵表达与创新主题设计，同时展现娴熟的操作技能与优雅的服务礼仪，以满足宾客的餐饮需求并提升用餐体验的系统性服务过程。

中餐服务任务点评分项描述与标准包括以下几个方面：

1. 工作准备

工作台物品摆放整齐有序，符合卫生、安全标准。检查及整理服务台，准备服务中需要的工具器皿及服务用具，保证无物品遗漏，动作规范、娴熟、敏捷。

2. 台面摆放

椅子摆放距离标准一致。台布平整，凸缝朝向正、副主人位，下垂均等。餐碟摆放距离均等，标准一致。餐碟椅子摆放距离标准一致。汤碗、味碟、汤勺摆放美观，标准一致。筷子、筷架摆放美观，标准一致。水杯、红酒杯、白酒杯三杯在同一直线上，摆放美观，标准一致。台面物品、布草的原料环保，符合酒店经营实际情况。中心主题装饰物设计规格与餐桌比例恰当，不影响就餐客人餐中交流。宴会菜单制作精美、内容完整，设计合理，摆放在筷子架右侧，位置一致。主题说明牌摆放在花瓶（花篮或其他装饰物）正前方、面对副主人位。

3. 餐巾折花

花型突出正、副主位。餐巾折花手法正确，操作卫生，完成6种不同杯花或盘花。花型造型美观，形象逼真，整体挺括、和谐、有创意。

4. 摆台整体效果

操作标准：餐饮工具器皿摆放标准统一。操作规范：摆放餐饮工具器皿必须用托盘，各类用品从离开工作台后至摆放结束，均不能落地，操作符合卫生要求。操作娴熟，台面整体美观、整洁，餐具成套摆设，间距合理，装饰符合客人个性化要求，台面设计彰显主题，符合餐桌礼仪，符合主题要求。整体美观、体现艺术美感，符合酒店经营实际情况，具有可推广性。

5. 迎客入座

主动、友好地使用引导用语迎客，为宾客提供正确的入座服务。为宾客提供正确的开餐巾、拆筷套服务，动作正确、熟练、优雅。正确使用托盘上茶，上茶服务顺序正确，茶水适量、无滴洒、分量均等。

6. 酒水服务

向客人正确介绍酒水，服务用语恰当。使用托盘，按顺序斟倒酒水，托盘技术稳定，服务流畅，动作优雅，效果出色。为客人提供正确的斟倒酒水服务，斟倒酒量符合标准，酒水斟倒不滴、不洒、不溢。

7. 菜品服务

为客人提供正确的介绍菜肴服务，菜品介绍表达流畅，感染力强，内容丰富，有文化内涵。工作区域服务用具、餐具摆放整齐、间距一致，分餐具、骨碟等不交叉、无混用。上菜顺序正确、动作标准、举止轻盈得体，操作无声响。分餐动作熟练、分量标准、均匀，不洒、不滴、不漏，数量一次到位。

8. 餐后服务

提醒客人带随身物品，检查并确认客人无遗留物品。送客热情、有礼貌。服务用具归位，撤台工作合理。

9. 整体评价

操作过程中动作规范、技能娴熟、无失误，整体表现优秀。工作台（备餐台）摆放有序、整理归位。姿态优美、大方得体，符合岗位要求、无过多不切实际的表演性动作。选手精神饱满，服务技术优秀，自然得体，动作流畅，最终呈现效果好。

（五）西餐服务任务点

西餐服务是指以国际化餐饮服务标准为基础，通过精准的台面布置、规范的酒水服务流程、专业的菜品呈现及个性化送客礼仪，融合西餐宴饮文化内涵与创新主题设计，同时展现娴熟的操作技能与优雅的服务姿态，确保用餐环境高雅、服务流程流畅、卫生安全达标，以满足宾客品质化的餐饮需求并提升酒店服务形象的系统性服务过程。

西餐服务任务点评分项描述与标准包括以下几个方面：

1. 工作准备

工作台物品摆放整齐有序，符合卫生、安全。检查及整理服务台，准备服务中需要的工具器皿及服务用具，无物品遗漏，动作规范、娴熟、敏捷。

2. 台面摆放

餐椅摆放距离标准一致。台布平整，凸缝朝向正、副主人位，下垂均等。餐具（刀叉）摆放美观，标准一致。各个餐位餐具布局对称，餐具间距离合适并均等。面包盘、黄油碟、牛油刀摆放美观，标准一致。水杯、红葡萄酒杯、白葡萄酒杯三杯在同一直线上，摆放美观，标准一致。椒盐瓶、牙签摆放比例恰当，方便客人餐中使用。台面物品、布草的原料环保，符合酒店经营实际情况。中心主题装饰物设计规格与餐桌比例恰当，不影响就餐客人餐中交流。宴会菜单制作精美、内容完整，菜单摆放位置一致。主题说明牌摆放在花瓶（花篮或其他装饰物）正前方，面对副主人位。

3. 餐巾折花

花型造型美观，大小一致，花型突出正、副主位。餐巾折花手法正确，操作卫生，完成 6 种不同杯花或盘花。摆放位置一致，左右成一条线，整体和谐、有创意。

4. 摆台整体效果

操作标准：餐饮工具器皿摆放标准统一。操作过程中保持工作台面的整洁，操作动作符合岗位安全和卫生规范。整体设计高雅、符合西餐宴饮文化。保证操作熟练，台面整体美观、整洁，餐具成套摆设，间距合理，装饰符合客人个性化要求。

5. 迎客入座

主动、友好地使用引导用语迎客，为宾客提供正确的入座服务。为宾客提供正确的开餐巾服务，动作正确、熟练、优雅。为客人提供冰水服务，动作正确、熟练、优雅。

6. 酒水服务

向客人正确介绍酒水，服务用语恰当。倒水及斟酒的顺序为：水、白葡萄酒、红葡萄酒；斟倒酒水的量：水一般要求为 4/5 杯；白葡萄酒为 2/3 杯；红葡萄酒为 1/2 杯。提供葡萄酒的示酒、开瓶、醒酒、鉴酒和斟酒服务，葡萄酒服务流程动作自然得体，动作正确、熟练、优雅。且斟倒的酒量符合行业标准，酒水斟倒不滴、不洒、不溢，操作规范，服务流畅。

7. 菜品服务

为客人提供正确的菜品介绍，表达流畅，感染力强，内容丰富，有文化内涵。餐具调整正确规范，徒手上菜、撤盘，方法正确。为客人提供面包和黄油时，在客人左边进行服务，动作正确、熟练、优雅。工作区域服务用具、餐具摆放整齐、间距一致，分餐具、骨碟等不交叉、无混用。上菜顺序正确（前菜—汤—主菜—甜品）、动作标准，举止轻盈得体，操作无声响。为客人提供正确的服务菜肴，菜肴摆放正确，分餐动作熟练、分量标准、均匀，不洒、不滴、不漏。

8. 餐后服务

咖啡、茶服务方法正确，斟倒服务符合行业要求，斟倒量一致。宾客用餐结束准备离开时，提醒客人带随身物品，检查并确认客人无遗留物品。送客热情，有礼貌。服务用具归位，撤台工作合理。

9. 整体评价

操作过程中，动作规范、娴熟、敏捷、声轻，姿态优美，能体现岗位气质。姿态优美、大方得体，符合岗位要求、无过多不切实际的表演性动作。服务技术优秀，自然得体，动作流畅，最终呈现效果好。工作台（备餐台）摆放有序、整理归位。

（六）其他饮品服务任务点

其他饮品服务是指通过规范操作流程、精准温度控制及创意化设计，确保饮品品质优良、服务流程流畅，同时展现专业技能与创新能力，以满足宾客多元化饮品需求并提升服务体验的系统性服务过程。酒店服务赛项竞赛常见饮品服务主要包括咖啡服务、茶服务、软饮服务、鸡尾酒调制与服务、葡萄酒侍酒服务、西方烈酒服务等。

其他饮品服务任务点评分项描述与标准包括以下几个方面：

1. 操作过程

饮品服务准备工作规范，干净、卫生。饮品制作时间与温度控制得当，操作程序正确，动作流畅规范，卫生安全，符合行业标准，酒水使用完毕复归原位。在制作和服务饮品过程中，不能有物品掉落、碰倒，以及斟倒酒水时滴洒等情况出现。

2. 饮品呈现

饮品色泽符合标准、整体呈现效果好、创意独特、具有商业推广价值，同时兼顾成本控制。

（七）团队协作任务点

团队协作是指团队成员在共同目标的指引下，通过明确角色分工、建立高效协同机制，实现资源互补与信息共享，在动态合作中保持自然默契的互动状态，形成快速响应与灵活调整的协作能力，最终形成系统性酒店服务的群体工作模式。

团队协作任务点评分项描述与标准包括以下方面：团队成员能够准确理解共同目标和任务，清楚自己的角色定位和职责。团队成员分工明确，协作默契，比赛过程中团队互动自然，能够有效沟通、紧密协作，能够互相补充，共同应对突发情况。

（八）应急情境处理任务点

应急情境处理是指以预防机制与安全规范为基础，通过快速识别风险、启动预设应急预案、协调资源高效处置酒店服务过程中各类突发状况，同时保持服务流程规范、保障客人安全与权益，展现专业素养与应变能力，最终实现风险控制与服务连续性目标的系统性管理过程。

应急情境处理任务点评分项描述与标准包括以下几个方面：语言表达清晰、流畅，效果优异。处理方法合理、正确，宾客满意度高，兼顾饭店与宾客的利益。有较强的创新性、独到性。

（九）综合展示任务点

综合展示是指以职业教育成果为核心，通过规范的职业形象、专业素养、清晰表达、团队协作及创新实践能力的系统性展示过程，结合非 PPT 形式的辅助工具，全面呈现以参赛队设计的方案解决实际问题的应用价值、原始创意创新及可持续发展理念，同时展现职业教育产教融合成效与学生综合职业能力的综合评价体系。

综合展示任务点评分项描述与评分标准包括以下几个方面：

1. 职业形象

制服与工鞋穿着（工作制服干净、整洁、舒适、符合行业标准；黑色皮鞋光亮、干净、舒适，男士穿深色裤子）。仪容整理（禁浓妆、文身，不戴珠宝和涂指甲油；头发整洁，女士头发要扎起，头发不染奇怪的颜色）。仪态与自信呈现。全程表现出良好的姿态／仪态，面带微笑，展现高度的自信和镇定。

2. 职业素养

展现较好的职业伦理，具有工匠精神。展现学校对学生全面培养、基本素养培育和成长发展的成效。展现职业教育育人成果，体现产教融合、科教融汇。具备良好的职业道德、职业精神、职业素养。

3. 表达能力

语音清晰，抑扬顿挫、现场有感染力、表达流畅、表情自然、大方、得体。综合展示时合理使用辅助工具、道具，不使用 PPT。辅助用具与讲解内容紧密结合，互为补充。

4. 团队合作

团队成员能够准确理解共同目标和任务，清楚自己的角色定位和职责。团队成员相互尊重、信任和支持，拥有良好的团队氛围。团队成员分工明确，协作默契，比赛过程中团队互动自然，能够有效沟通、紧密协作，能够互相补充，共同应对突发情况。

5. 应用价值

有助于解决生产一线的实际问题或现实困难。能够促进职业学校学生高质量就业，包括直接、间接推动扩大就业规模等。对推动产业转型升级、区域经济发展、乡村振兴、城市社区治理、城乡融合发展等具有积极作用，符合绿色低碳节能的可持续发展理念。

6. 创新创意

体现原始创意、创新。体现面向职业和岗位的创意及创新。侧重加工工艺创新、实用技术创新、产品（技术）数字化改良、应用性优化、民生类创意等。体现团队成员的创新精神和创新能力。

7. 总体评价

总体思路明确，逻辑清晰，有条理，层次分明，时间分配合理。内容紧凑，突出关键信息，如技能要点、关键技术、客户群体、创意介绍等信息。应展示出项目在实际工作中的应用价值，应合理把握时间。

任务 3　赛事创新与应用价值解读

📑 **学习目标**

1. 了解酒店服务赛事创新的基本要求与主要内容。
2. 了解酒店服务赛事应用价值的作用和意义。

📖 **知识准备**

一、赛事创新解读

　　酒店服务赛事的创新创意特征，强调以原始创意为核心驱动力，通过技术革新与服务模式创新等手段实现从 0 到 1 的突破。同时在进行赛事创新时，紧扣酒店职业岗位相关需求，运用加工工艺创新、数字化服务升级、改造等实用技术创新；此外，在竞赛中还注重通过团队协作培养，提高学生的创新精神与实践能力，通过跨学科协作、项目式组织将创意转化为可落地的解决方案，最终形成从"创意激发"到"技术赋能"再到"团队协同"的三维创新培养体系，全面提升职业教育服务产业升级与区域发展的能力，推动赛事成果与产业痛点精准对接，实现赛事成果服务于行业需求。

（一）创意激发是赛事创新的出发点

　　随着大众消费时代的到来，酒店宾客的需求日益细分与多元化。因此，创意激发已成为酒店行业构建差异化竞争力的核心路径之一，同时也是本项赛事创新的起点。在客房服务创新方面，有参赛队以节庆文化为切入点，突破传统客房功能限制，设计出"新春主题智能客房"系统（见图 1-3-1）。该系统通过 AI 智能控制系统实现家具模块化控制，不仅显著提升了酒店客房的科技含量，而且满足了年轻消费群体对数字化体验的需求。另有参赛队以端午时节为主题，将酒店客房设计为"龙舟文化体验舱"，通过地面震动反馈与AR互动装置模拟划桨动作，还原龙舟运动的真实场景。这一创意不仅提高了客房空间的利用率，还通过文化场景化改造，将入住体验转化为地方文化传播的载体，值得酒店借鉴学习。在餐饮服务创新方面，有参赛队聚焦特殊客群需求，打造"茶宴"相关项目（见图1-3-2），以传统茶文化的活化为核心进行赛事创新。例如，针对有行动障碍的宾客开发可升降式智能茶台，配合语音指令实现茶具自动递送；还有参赛队为海外华侨设计"寻根茶席"，借助区块链技术溯源茶叶产地，并结合AR地图展示家乡茶文化脉络。值得注意的是，这些创意普遍采用跨学科协作模式，部分比赛项目由酒店管理、数字媒体、工业设计等专业学生联合开发，为赛事创新提供了新思路。

图1-3-1　新春主题智能客房　　图1-3-2　茶宴主题项目

（二）技术赋能是赛事创新的着力点

酒店服务与管理的创新可从多角度展开，除原始创意外，目前国内外酒店行业的创新成果很大程度上依赖科学技术的支持，包括加工工艺创新、实用技术创新、产品（技术）数字化改良、应用性优化和民生类创新等。因此，技术赋能成为赛事创新的关键着力点。在加工工艺创新领域，酒店厨房团队研发新的烹饪技术，如利用低温慢煮技术制作牛排，能够更好地保留肉质的营养与鲜嫩口感，从而提升菜品品质。在实用技术创新方面，引入智能机器人送餐服务，机器人可自动规划路线，准确将餐食送达客人房间，减少人力成本并提高送餐效率。在产品（技术）数字化改良方面，酒店预订系统升级为智能AI客服辅助预订，客人通过语音或文字与AI客服交流即可快速完成房间预订、查询及特殊需求备注等操作，大幅提升了预订便捷性。在应用性优化方面，众多酒店改进会议室设施，增加无线投屏、智能会议平板等设备，方便商务客人进行会议展示与讨论，提高会议效率。此外，民生类创新表现为酒店与当地社区合作推出"共享厨房"项目，周边居民可付费使用酒店专业厨房设施举办家庭聚会或烹饪课程等活动，既丰富了居民生活，又拓展了酒店业务范围，增加了收益点。

（三）团队协同是赛事创新的关键点

在酒店服务创新过程中，团队成员间的协同合作是本次赛事创新的重要亮点与关键所在。赛项设置要求参赛队完成完整的酒店服务流程，形成服务闭环，这需要参赛队伍成员紧密合作，确保服务流程流畅高效。以某参赛队的"咖啡主题酒店"项目为例（见图1-3-3、图1-3-4），该参赛队将咖啡元素融入酒店产品与服务设计的各个环节。前厅接待方面，参赛队使用咖啡饮品作为欢迎饮品，并由服务人员现场制作与服务；客房布置方面，围绕咖啡元素进行主题客房布置，从床上用品到客房欢迎礼品均与咖啡高度相关；餐饮服务方面，不仅推出咖啡特调饮品，还为宾客设计从咖啡豆拼配到咖啡制作的体验活动，进一步深化咖啡主题。通过前厅接待、客房布置和餐饮服务的协同配合，实现了咖啡元素在住店过程中的全场景渗透，充分展现了团队协同作战能力。另有参赛队以"中国时令节气、茶文化、黄酒文化"为核心，在前厅接待、客房布置和餐饮服务方面协同构建了基于时令节气和茶酒文化的全场景沉浸式体验。前厅接待中通过智能节气互动墙与点茶演示实现文化迎宾；客房布置中打造集成AI煮茶机器人的"四时茶居"系统，让宾客在客房也能深刻感受到时令节气和茶酒文化主题；餐饮服务中融合分子料理与全息叙事开发"黄酒十二时辰"主题菜单。本项目通过AI茶艺系统、全息投影等技术创新形成联动，实现非遗文化的现代表达，构建起酒店产品与服务的文化生态闭环，彰显团队在多板块协同创新中的凝聚力。

图 1-3-3　咖啡主题酒店 1

图 1-3-4　咖啡主题酒店 2

（四）产教融合是赛事创新的落脚点

产教融合是职业教育在酒店服务与管理专业人才培养中重点关注与发展的方向，也是本项赛事创新的最终落脚点。在学生专业知识培养方面，赛事基于产业需求，不仅考查参赛队在前台接待流程、客房服务标准、餐饮服务规范等方面的专业知识与技能，还考查其沟通技巧、跨文化交流等跨学科知识。通过综合考查这些专业知识与跨学科知识，检验学生的专业能力。在学生职业素养培育方面，赛事通过模拟真实的酒店对客服务场景，提升学生的责任心、团队协作精神和抗压能力。当面对高强度工作和客人复杂的需求时，学生能够运用所学知识与素养冷静应对，积极解决问题，这正是赛事对学生未来成长发展的有效促进。在教师科研能力提升方面，赛事要求教师深入研究酒店服务质量优化与客户体验提升等问题，这些科研成果可应用于实际教学和酒店运营中，促进教学质量与酒店服务水平的双重提升。在学校课程设置方面，学校通过与高星级酒店的深度合作，为学生提供大量实践机会。学校与酒店建立实习基地，学生能够在真实的酒店环境中实习，了解行业最新动态与实际需求。酒店也将实际工作中的问题与案例反馈给学校，学校据此调整教学内容与课程设置，使教学更贴合实际需求，这间接也帮助学校进行赛事内容创新，让赛事内容更加贴近行业发展需求。

二、赛事应用价值解读

以世界职业院校技能大赛为载体，构建"实践导向—就业赋能—区域发展"三位一体的应用价值体系。赛事通过命题与产业痛点深度对接,推动职业教育成果直接转化为生产一线解决方案;依托校企双元培养模式,将赛事标准融入课程体系,显著提升学生就业竞争力与职业发展潜力,形成"以赛促学、以赛促就业"的良性循环;同时,赛事创新成果广泛应用于文旅融合、乡村振兴、城市社区治理等领域,助力区域经济转型升级与城乡融合发展。此外,赛事全面贯彻绿色低碳理念,通过新能源设备应用、数字化服务流程优化等创新,在提升服务效率的同时增进民生福祉,构建职业教育服务社会可持续发展的创新范式。

(一)有助于树立学生的职业素养与工匠精神

在酒店服务与管理中,职业素养首先体现在对客人的真诚与负责上。无论面对何种身份地位的客人,员工都应秉持一视同仁的态度,尊重客人隐私,严格遵守酒店的保密制度。例如,在处理客人的预订信息、入住记录等资料时,绝不泄露任何细节。工匠精神则体现在对服务细节的极致追求。酒店客房服务员在整理房间时,会将每一件物品摆放得精准到位,床单的褶皱控制在极小范围内,卫生间的洁具擦拭到光亮如新。餐饮服务人员对菜品的摆盘、上菜顺序和时间的把控都精益求精,力求为客人呈现完美的用餐体验。从迎接客人的每一个微笑、每一句问候,到送别客人时的每一个举动,都蕴含着对职业的敬畏和对服务品质的执着(见图1-3-5、图1-3-6、图1-3-7、图1-3-8)。

图1-3-5　前厅选手职业风采

图1-3-6　客房选手职业风采

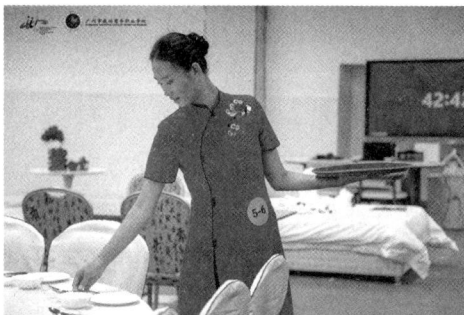

图 1-3-7　宴会选手职业风采

图 1-3-8　酒水选手职业风采

（二）有助于解决酒店对客服务实际问题和现实困难

在酒店服务与管理对客一线，常常面临诸多复杂问题。例如，酒店入住高峰时，前台接待效率直接影响客人的等待时间和体验。通过优化预订系统与前台接待流程，引入智能排队叫号和自助入住设备，能够有效缓解高峰时段的接待压力，提升服务效率。在客房服务方面，利用物联网技术实时监测客房设备的运行状态，提前发现并解决设备故障问题，减少因设备损坏给客人带来的不便，同时也降低了维修成本和时间。餐饮服务中，采用智能化的点餐和厨房管理系统，能根据菜品销售数据精准采购食材，避免食材浪费，解决库存积压和食材新鲜度难以保证的难题，从而提高运营效益。

（三）有助于促进职业学校学生高质量就业，包括直接、间接推动扩大就业规模等

酒店服务与管理行业是劳动密集型产业，对人才的需求量大。职业学校与酒店建立紧密的合作关系，为学生提供实习和就业机会。学校根据酒店实际需求设置课程，学生在校期间就能掌握实用的专业技能，如熟练的服务操作、良好的沟通技巧等，毕业后可直接进入酒店各个岗位，实现高质量就业。随着酒店行业的不断发展，新的酒店开业以及酒店业务的拓展，会创造更多的就业岗位，间接推动就业规模扩大。而且，酒店服务与管理专业的学生在就业后，凭借所学技能和经验，还能带动相关产业链的就业，如酒店用品销售、酒店装修设计等领域，进一步促进就业市场的繁荣。

（四）对推动产业转型升级、区域经济发展、乡村振兴、城市社区治理、城乡融合发展等具有积极作用

在产业转型升级方面，酒店行业不断引入新技术、新理念，如绿色环保酒店、智慧酒店的兴起，促使酒店从传统服务模式向高端化、智能化方向转变。酒店作为区域经济的重要组成部分，能够吸引游客和商务人士，带动当地餐饮、交通、购物等相关产业发展，增加地方财政收入，促进区域经济繁荣。在乡村振兴战略中，乡村特色民宿、农家乐等酒店业态的发展，充分利用乡村自然资源和文化资源，吸引城市游客，增加农民收入，推动农村基础设施建设和产业结构调整。在城市社区治理中，酒店可以为社区提供就业岗位，促进社区居民就业增收，同时，酒店举办的各类活动也能丰富社区文化生活。城乡融合发展中，酒店行业的发展有助于缩小城乡差距，促进城乡人才、资金、技术等要素的流动和共享。

（五）符合绿色低碳节能的可持续发展理念，有利于改善人民生活、提升人民生活质量

酒店通过采用节能设备，如 LED 照明、智能温控系统等，降低能源消耗；推行垃圾分类和资源回收利用，减少废弃物排放；使用环保清洁用品，降低对环境的污染。这些绿色低碳节能措施不仅符合可持续发展理念，还能降低运营成本。对于客人来说，入住绿色环保酒店，能享受到更健康、舒适的环境，提升生活品质。酒店提供的多样化服务，如高品质餐饮、休闲娱乐设施等，也丰富了人们的生活，满足了不同人群的消费需求，进一步改善了人们的生活。同时，酒店行业的发展也创造了更多的就业机会，提高了居民收入水平，为提升人民生活质量提供了有力支撑。

项目二
赛事职业素养养成

任务 1　前厅服务职业素养养成

学习目标

1. 熟悉酒店前厅部任务、作用与组织架构。
2. 熟悉酒店前厅选手的素质要求与服务礼仪规范。
3. 掌握酒店前厅对客服务的基本用语与表达技巧。

知识准备

一、前厅部任务与作用

（一）酒店前厅部组织架构

前厅部作为酒店运营的核心枢纽，其组织架构与酒店规模及星级标准密切相关。高星级、大规模酒店的前厅部通常采用更为精细化的组织架构，涵盖接待、预订、礼宾、总机、商务中心等多个功能模块。高星级酒店前厅部组织架构（例）如图 2-1-1 所示。

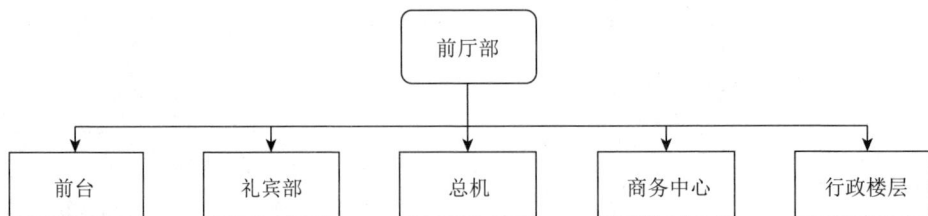

图 2-1-1　高星级酒店前厅部组织架构（例）

（二）酒店前厅部的地位与作用

1. 酒店前厅部的地位

前厅部（Front Office），是负责招待并接待宾客，销售酒店客房及餐饮娱乐等服务产品，沟通与协调酒店各部门对客服务的部门。前厅部是酒店内外联系的桥梁，是酒店的"神经中枢"，酒店前厅部是酒店经营和管理的重要部门，是评价酒店整体服务质量和水平的重要指标。

2. 酒店前厅部的作用

从职能定位来看，前厅部在酒店运营中扮演着不可替代的多重角色：首先，作为酒店的经营中心，通过客房销售带动餐饮、会议等其他部门的业务联动；其次，作为形象展示窗口，承担着从预订接待到离店结算的全流程服务；同时还是信息处理中心，收集分析客源结构、消费偏好等关键数据；更是维系客户关系的重要纽带，直接影响着宾客满意度和酒店口碑。

二、前厅职业角色认知

（一）酒店前厅部选手的素质要求

酒店前厅部选手的素质要求是指和前厅服务与管理相关的各项素质要求的总和，通常包括思想素质要求、知识素质要求、能力素质要求和身体素质要求。

1. 思想素质要求

前厅部从业人员须充分认识到前厅服务工作对整个酒店发展的重要作用，热爱本职工作，忠于职守，不断学习，开拓创新。前厅部服务人员还必须品行端正。酒店前厅工作会涉及客人隐私、酒店账务、会员卡销售提成等经营秘密，因此，前厅服务人员必须自觉加强品行修养。前厅部从业人员还必须自觉遵守法律法规及前厅的各项规章制度，养成良好的纪律习惯。

2. 知识素质要求

良好的文化素养、专业素养和广博的社会知识，不仅是做好前厅服务工作的需要，而且能潜移默化地培养服务人员的气质、兴趣、判断能力和意志。前厅从业人员应略通政治、经济、地理、历史、旅游、宗教、民俗、心理、文学、音乐、体育、医疗等多方面知识，以便和客人交流沟通，保证提供优质服务。与其他部门相比，酒店对前厅服务人员文化知识的要求也是最高的。

专业知识，是指前厅从业人员应懂得前厅服务工作中所需的各项专业知识，如待客知识、酒店产品知识、顾客消费心理学知识、人际关系知识、前厅管理知识等，懂得各种服务礼节，并将问候、称呼、迎送、操作、应答礼节贯穿各个具体的服务环节中。

社会知识，是指能够满足客人住店之外的需求，有助于为客人提供个性化增值服务。这些知识包括本酒店及关联企业的有关信息、本地区当前的热门话题和消费动向、城市发展和会展信息、周边的旅游资源及交通等信息、土特产及相关知识等。

3. 能力素质要求

服务用语是提供优质服务的前提条件。前厅服务人员要能够使用迎宾敬语、问候敬语、称呼敬语、电话敬语、服务敬语、道别敬语等，提供敬语规范化的服务。还需要用英语或其他外语进行服务，并解决服务中的一些基本问题。

前厅服务也是一种特殊的人际交往活动，服务人员应主动加强与客人的交往，加深对客人的了解，以客人乐于接受的方式进行服务。营造出亲切、轻松的氛围，增进与客人的情感交流，提高客人对酒店的满意度和忠诚度。这就要求前厅服务人员能熟记客人的姓名、习惯和需要，能在客人提出消费需求前满足其要求，与客人建立长期友好的交往关系。前厅服务人员需要在短时间内观察客人需求，积极思考、认真过滤和优化整合后做出正确的判断，准确抓住客人的心理，为客人提供最佳的服务。

4. 身体素质要求

前厅工作需要有敏捷的反应、良好的记忆力和健康的体魄，只有具备这些条件才能更好地胜任此工作。同时，服务人员向宾客提供各种服务，为防止出现意外，要求前厅工作人员定期体检，确保没有传染性疾病。

在仪表仪容仪态方面，仪表要整洁，前厅服务人员服装整洁、无破损、挺括，鞋袜整洁一致，规范穿着工服，正确佩戴工牌。仪容要大方，发型美观、梳理整齐；手部保持清洁，指甲修剪适中，不涂指甲油；面容清洁，男选手不留胡须，女选手化淡妆。仪态要得当，站立要自然大方、行走时步子要轻而稳，手势要得体。

（二）酒店前厅部主要岗位及岗位职责

酒店前厅部岗位根据岗位职责一般可以分为预订处、接待处、礼宾部、电话总机、商务中心、大堂副理（见表2-1-1）。

表2-1-1　酒店前厅部主要岗位

岗位类型	岗位主要内容	具体岗位
预订处	接受、确认和调整来自各个渠道的房间预订	• 预订主管 • 领班 • 预订员
接待处	接待抵店投宿的客人	• 接待主管 • 领班 • 问讯员 • 接待员 • 收银员
礼宾部	负责客人的迎送服务	• 礼宾高级主管 • 迎宾员 • 驻机场代表 • 行李员 • 门童
电话总机	负责转接酒店内电话	• 总机主管 • 领班 • 话务员
商务中心	提供信息及秘书性服务	• 商务中心主管 • 领班 • 文员 • 票务员

三、前厅服务礼仪与语言

（一）前厅服务行为规范

前厅服务员应该做到体姿标准、行为规范、举止大方。尽量避免不好的习惯性动作，如嚼口香糖、工作场所吃喝、高嗓门叫喊、勾肩搭背、指手画脚等（见表 2-1-2）。

表 2-1-2　前厅服务标准行为规范

分类	要求	要领
站姿	自然、优美、轻松、挺拔	• 头部：端正向上，双目平视，下颌微收 • 双肩：双肩放松后稍向下沉，呼吸自然 • 上身：上身挺直，收腹、立腰、立背，身体有向上的感觉 • 双臂：女选手应双手相握，右手搭在左手上，大拇指交叉放于掌心内，自然垂放于体前（或腹部）；男选手应双臂自然下垂，放于身体两侧，手指自然弯曲或将相握的双手置于背后，双臂肘关节内侧与腰间距离约一拳（此种姿态与宾客交谈时不可使用） • 双腿：女选手应双腿并拢，双膝收紧，两脚后跟靠紧，脚尖分开呈"V"形或丁字步站立；男选手应双腿打开，双膝收紧，双脚距离约一拳的宽度
走姿	自然、大方、优雅、有活力	• 基本要点：抬头挺胸，上身挺直，收腹提气，目视前方，双肩端平，双臂自然摆动，手指自然弯曲，身体中心略微前倾，注意步伐的协调和韵律感。步幅大小以一个脚掌的距离为宜，步速适中，脚步不可过重、过急 • 女选手：行走时轨迹为一条线，即两脚内侧在一条直线上，双膝内侧相碰 • 男选手：行走时轨迹为两条线，即两脚内侧在两条直线上
坐姿	自然、优美、轻松、挺拔	• 基本要点：从椅子的左边入座，入座时要轻而稳，坐在椅子的前三分之二位置，上身挺拔、收腹挺胸、双肩后展下沉；眼睛平视前方、面露微笑 • 女选手：穿裙子时，入座前要将裙子捋平；膝盖并拢、双脚并拢或交叉；双手虎口相嵌自然叠放在两腿之上 • 男选手：双脚分开且与肩同宽，双手自然叠放在两腿的膝盖上
蹲姿	自然、优美、轻松、挺拔	• 女选手：下蹲时一脚在前，另一脚稍后，两腿靠紧（或交叉）向下蹲，注意膝盖的方向不能朝着前方 • 男选手：下蹲时一脚在前，另一脚在后，两腿垂直向下蹲

（二）前厅服务礼仪规范

前厅服务接待礼仪规范是指在前厅对客服务时需要使用到的礼仪规范，这些服务礼仪规范不仅是酒店前厅选手专业性的表现，也是酒店服务质量和管理水平的体现（见表 2-1-3）。

表 2-1-3　前厅服务接待礼仪规范

分类	规范要求
宾客迎送服务	• 迎接客人：将客人所乘车辆引领到适当的地方停车。以免门前交通阻塞，趋前开启车门，用手臂遮挡车门为客人护顶，并协助客人下车，面带微笑地使用恰当的敬语欢迎前来的每一位客人，协助行李员卸行李，注意检查有无遗漏物品 • 欢送客人：离店服务时，为客人打开大门，问候并询问客人离店后所去地点，调度、召唤出租车，并注意保管随客人而出的行李，协助行李员将客人行李放入车后行李箱，为客人拉开车门、护顶，请客人上车，祝客人旅途愉快，驱散可疑闲杂人员，维持店前秩序
行李服务	• 行李员主动迎接抵达酒店的客人，为客人打开车门，请客人下车，并致以亲切问候 • 从出租车内取出客人行李，请客人确认行李件数，以免遗漏 • 迅速引导客人走进店门，到前台进行入店登记
机场代表迎送服务	• 迎接客人：接到客人后，主动问候，表示欢迎，介绍自己的身份和任务，并帮助提取行李，引领客人上车。根据客人的房号开立账单，将车费计入客人账单或由司机收费。电话通知大厅值班台客人抵店信息，包括客人姓名、所乘车号、离开机场时间、用房有无变化等。一旦出现误接或在机场找不到客人，应立即与酒店取得联系，查找客人是否自己乘车抵店，返回酒店后，及时与前台确认。抵达酒店后引领客人到前台办理手续，将行李物品交付行李员运至房间，协助大堂副理做好 VIP 接待工作 • 欢送客人：客人离店时，驻机场代表与行李组及车队取得联系，安排离店服务。明确所乘航班号、离店具体时间、行李件数及其他要求。帮助客人托运行李和办理报关手续，与客人别别，感谢客人入住本酒店，并欢迎客人再次光临
公共区域指引服务	在客人从正前方过来时，要进行目光交流，5m 范围内要微笑，3m 范围内要打招呼，将客人引导至正确的方向
内外线电话接听服务	• 接听电话时语音要清晰，语调要亲切，工作期间不能打私人电话 • 电话铃响三声内，必须接电话，清晰地报："您好，礼宾部！"如因工作需要超过三声响铃后才接听的电话，则必须先向客人说："抱歉，让您久等了。"或英文"I'm sorry to have kept you waiting."再报问候语及部门的名称。需要对方等候时，说"请稍等"并使用电话的 HOLD LINE（呼叫保持）功能。如让对方等候了一段时间（30s 以上）应说"对不起，让您久等了"，并及时向客人汇报工作进度 • 对内线非客人房间电话，用普通话报"您好，礼宾部"

分类	规范要求
门岗站立	时刻面带微笑，精神饱满；说话时不可太夸张，不可过于喜形于色。双眼正视前方，头微上仰，挺胸收腹；双手自然放于背后，左手掌握住右手背；双脚分开，与肩同宽或比肩膀略宽。不得倚墙靠柜，不做小动作，手不得插入口袋中。站立于大门侧指定位置处
开车门	• 为每位乘车抵 / 离酒店的客人开关车门。应用礼貌迎送用语，服务动作需规范。送离店客人上车后，必须目送客人车辆离开，适当加上摆手礼，恭送客人。在车离开后，才能转身离开回到自己的岗位 • 为客人开车门，严格按要求一人负责一车，开 / 关门时注意护顶及帮助有需要的客人上 / 下车 • 及时提醒乘车到店的客人是否有物品遗留在车上 • 因带行李来不及补位时，请保安员临时代迎客、开车门 • 随时了解门外停靠车辆和需接送客人的情况

（三）前厅服务语言规范

1. 前厅服务语言分类与表达技巧

前厅运营过程中，选手要正确规范地使用服务用语，体现前厅良好的服务水平（见表2-1-4）。

表2-1-4　常用前厅服务语言

分类	服务语言	表达技巧
称谓语	小姐、先生、夫人、太太、女士、同志、师傅、老师、阁下等	• 称谓语可以分为泛称谓语、尊称谓语和谦称谓语 • 说礼貌用语前应先称呼客人，且尽量采用姓氏称呼，如"××先生""××女士""××主任" • 称呼第二人称时，应称"您"，而不是"你" • 称呼第三人称时，应称"这位（那位）先生 / 小姐"，而不是"他 / 她"
问候语	您好、早上好、中午好、晚上好、新年好、圣诞快乐、生日快乐、幸福美满等	• 问候语可以分为标准问候、时效问候语和特殊问候语 • 把握问候语使用的时机和场合，注意时空感 • 使用问候语时可以配合一定的肢体语言

分类	服务语言	表达技巧
征询语	• 请问您贵姓 • 请问怎么称呼您 • 请问有什么可以帮您 • 对不起，我没听清您的话，您再说一遍好吗	• 征询语一般在帮助客人或者希望客人或同事配合自己的工作时候使用 • 使用征询语时需要注意语气，应尽量委婉使用
拒绝语	• 很遗憾 • 真抱歉，不能帮您的忙 • 非常抱歉，我们不能这样操作，这样做会违反规定	• 拒绝语也被称为推脱语，一般在无法满足同事或客人时使用 • 使用拒绝语时需要注意语气，应尽量委婉表达，并说明无法满足的主要原因
指示语	• 这边请 • 向前一直走 • 请坐	• 指示语的使用需要注意语气和方式，切忌使用命令的语气 • 使用指示语时可以配合手势，同时需要注意手势礼仪
致谢语	• 谢谢您的建议 • 感谢您的夸奖 • 非常感谢您的理解	• 使用致谢语时，注意言简意赅，同时要态度真诚 • 使用致谢语时可以配合一些肢体语言，如握手、鞠躬等
致歉语	• 实在很抱歉 • 对不起，打扰了 • 请原谅	• 致歉语的使用通常是希望得到别人的原谅 • 前厅的事务性工作比较多，也比较琐碎，因此在对客服务过程中难免会出现错误，及时且主动地承认错误，然后进行改正，一般都能够得到客人的原谅 • 麻烦宾客时要及时致歉
道别语	• 再见 • 祝您一路顺风 • 谢谢，请慢走，欢迎下次光临 • 祝您旅途愉快	• 道别语主要在同客人告别时使用，一般简短精练，且声音洪亮 • 使用道别语时可以配合一些肢体语言，如挥手、点头、鞠躬等
应答语	• 好的，马上就到 • 请稍等，我就来 • 好的，现在就为您办理 • 不客气，这是我们应该做的 • 很高兴为您服务	• 使用应答语的时候需要态度真诚，回复快速 • 应答语要表现乐意为客人服务的态度，态度耐心积极

2. 前厅专业术语

前厅选手不仅需要掌握酒店对客服务的通用术语，还需要熟练使用前厅的专业术语，以便于快捷、高效地完成各项前厅工作任务（见表2-1-5）。

表 2-1-5　前厅专业术语

术语	内容
抵店时间 （Arrival Time）	指客人到达酒店的时间。掌握客人的抵店时间，有利于总台进行排房、控制房间以及提高对客服务质量
办理入住登记手续 （Check-In）	指酒店应为每一位抵店的客人办理入住登记手续，其过程包括识别客人有无预订、填写入住登记表、排房、定价、决定付款方式、查验证件等。散客与团体的登记步骤有所区别
办理退房结账手续 （Check-Out）	指酒店应为每一位退房的客人办理结账手续，其过程包括结清客人的账务，征求客人住店的意见，并办理返回预订等。散客与团体的结账手续有所区别
交叉培训 （Cross Training）	指选手到其他相关的岗位接受培训，如总台选手参与客房的专业培训；客房服务人员参与总台的专业培训等。此做法便于服务人员了解相关岗位的工作，从而加深对本职工作的全面认识和提高业务水平
投诉 （Complain）	指客人对酒店的服务不满而产生抱怨，向酒店提出意见。酒店应认真处理客人投诉，设法进行补救，消除客人怨气，并根据所反映的问题，对服务和管理进行整改
半天用房 （Day Use）	指客人要求租用客房半天，不过夜，通常租用时间为 6hs 以内，退房时间在18：00 以前，房价是全价的一半。在酒店旺季时一般不予以接受
离店时间 （Departure Time）	指客人离开酒店的时间。了解客人离店时间，有利于对房态的预测及安排工作，提高对客服务质量
行政楼层 （Executive Floor）	指酒店将一层或几层的客房独立出来，用以接待高级商务行政人员的楼层。它设有自己的总台、收银、餐厅及休息室等，为客人提供细致周到的服务。其客房也比一般客房豪华，它能酒店招待商务客源，提高营业收入和酒店声誉
房间客满 （Full House）	指短期有益于酒店收入的提高，但因设备保养、服务水准和服务质量受到影响，会对酒店带来不利因素，影响长期效益
宾客关系主任 （Guest Relation Officer）	是酒店为建立与客人良好关系而专门设立的服务职位。通常，宾客关系主任隶属于酒店大堂副理
对客服务全过程 （Guest Cycle）	指从潜在的客人与酒店的第一次接触到客人抵店、住店、离店直至为客人建立客史档案为止，其过程又可细分为售前、售中和售后三个阶段
客史档案 （Guest History Record）	指酒店为住店一次以上的客人建立的档案，其内容包括客人的个人基本资料，每次住店的爱好习惯、信用消费、特殊要求等，以便为酒店提供针对性和个性化服务提供依据，并为开拓客源市场、进行促销提供依据

续表

术语	内容
酒店连锁 （Hotel Chain）	指拥有和经营管理两个以上的酒店公司或集团。在该集团内，各酒店使用统一的名称、同样的标志，并实行统一的经营、管理规范和服务水准，与独立的酒店相比，具有财务、促销、采购、预订等优势
酒店用房 （House Use）	指酒店提供一部分客房给管理人员值班时使用，酒店对此应做好控制工作
工作职责描述 （Job Description）	指描述某一岗位或职员的主要任务、职能及责任等，便于了解该岗位的工作概况，利于培训
客房种类 （Room Type）	指酒店拥有不同类型的客房，而不同类型的客房适合不同种类的客人。常见的客房种类有标准房、双人房、三人房、豪华房、套房、相邻房及角房、相连房等。总台服务人员必须掌握酒店每间客房的类型及特色，以利于销售
房间状态 （Room Status）	指客房所处的状态，通常房间状态可归纳为住客房、走客房、可售房、待修房、双锁房、在外过夜房等。总台服务人员清楚、准确地了解房态，有利于对客服务及客房销售

→ **实训实施**

一、酒店前厅服务礼仪

（一）实训要求

通过模拟实训，学生能深入掌握酒店前厅服务中规范的仪表仪态、语言表达、接待流程等礼仪知识和技能，从着装、发型到每一个手势、每一句问候都符合专业标准，进而全面提升自身在酒店服务领域的专业素养，为在行业内的长远发展打下坚实基础（见表 2-1-6）。

表 2-1-6　前厅服务礼仪模拟实训要求

实训场景	前厅实训室，模拟前厅服务礼仪
实训准备	前厅服务礼仪规范与标准
角色扮演	2 名同学一组进行前厅服务模拟实训

实训规则与要求	·同组 2 名同学根据前厅服务礼仪规范与标准进行模拟实训 ·当 1 名同学进行实训时，其余同学根据该名同学的实训操作进行评估，并记录其操作不当环节 ·当同组同学全部操作完毕后，先进行自我评价，然后进行小组内互评，最后由授课老师根据各个小组的操作记录进行最终评价
模拟实训评分表	如表 2-1-7 所示

（二）实训考核

为检验对本任务学习内容的掌握程度，确保所学知识转化为实际技能，接下来请根据表 2-1-7 的实训评价标准，进行模拟实训考核。

表 2-1-7　前厅服务礼仪实训评分

评分项目	评分标准	分值	得分
仪容仪表	·制服整洁无褶皱，工牌佩戴规范 ·妆容自然，发型干净利落 ·手部清洁，无美甲，指甲长度 ≤ 2mm	10	
服务姿态	·站立时挺胸收腹，双手交叠于身前 ·行走步幅适中，引领客人时与客人保持 1.5m 的距离 ·鞠躬角度规范（15°/30°/45°）	10	
服务语言	·问候语规范（中英文双语） ·应答使用"请""谢谢""抱歉"等礼貌用语 ·送别语清晰完整（如"祝您入住愉快"）	15	
沟通技巧	·倾听专注，适时点头回应 ·解答问题清晰准确，避免使用专业术语 ·投诉处理态度诚恳，及时上报	20	
应急处理	·快速响应突发情况（如系统故障、客人情绪激动） ·提供备选方案（如手工登记、安抚客人）	10	
服务流程规范	·入住 / 退房操作步骤完整（核对证件、确认房型、递取物品） ·单据填写工整，信息准确无误	15	
整体印象	·服务全程微笑自然，亲和力强 ·与客人保持眼神交流 ·结束服务后复位工作台	10	

评分项目	评分标准	分值	得分
创新设计	• 个性化服务设计（如根据客人生日赠送小礼物） • 特色语言表达（如地方方言问候）	10	
总分		100	
教师评价：			

任务 2　客房服务职业素养养成

学习目标

1. 熟悉酒店客房部任务、作用与组织架构。
2. 熟悉酒店客房选手的素质要求、服务礼仪规范。
3. 掌握酒店客房对客服务的基本用语与表达技巧。

知识准备

一、客房部任务与作用

（一）酒店客房部组织架构

酒店客房部规模和酒店规模关系密切，通常酒店档次越高、规模越大，客房部的组织架构就越复杂。组织架构的主要作用是帮助客房部部门和选手了解部门与部门之间的关系以及部门内部选手管理的梯度，使客房部选手了解自己在部门中的位置和职业发展路径。客房部的组织机构没有统一的模式，应随着酒店的发展变化而及时调整（见图 2-2-1）。

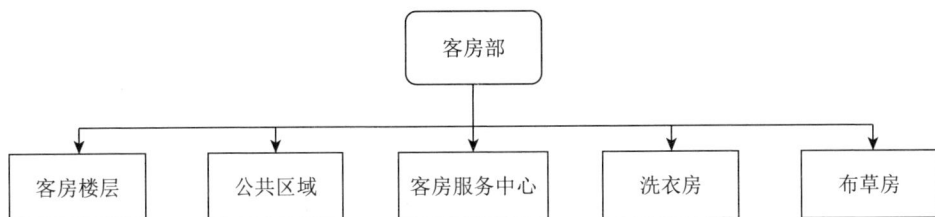

图 2-2-1 高星级酒店客房部组织架构（例）

（二）客房部地位与作用

客房部作为酒店营运中的一个重要部门，其主要的工作任务是为宾客提供一个舒适、安静、安全的住宿环境，并针对宾客的习惯和特点做好细致、便捷、周到、热诚的对客服务。客房是酒店的主要产品，是酒店最基本的物质基础，是供客人住宿、休息、会客和洽谈业务的场所，其服务活动也是酒店服务活动的主体。

客房服务是酒店服务的主体。客房是宾客留住酒店时的主要活动场所与生活的区域，也是客人在酒店中逗留时间最长的地方。多数住店客人下榻酒店在客房的时间一般超过 60%，酒店对客人的服务活动也是酒店服务活动的主体部分。

二、客房职业角色认知

（一）酒店客房部选手的素质要求

酒店客房部选手的素质要求是指和客房服务与管理相关的各项素质要求的总和，通常包括思想素质要求、知识素质要求、能力素质要求和身体素质要求。

1. 思想素质要求

客房从业人员须充分认识到客房服务工作对整个酒店服务质量的重要作用，热爱本职工作，忠于职守，不断学习。客房从业人员应始终把宾客的利益放在第一位，服从领导，为人可靠，平易近人，性情开朗。同时，应具备热情待客、乐于助人的服务精神，文明礼貌、不卑不亢的职业风尚，诚信无欺、真实公道的经营作风，廉洁奉公、谦恭自律的优良品质，团结友爱、顾全大局的处事风格。客房从业人员还应自觉遵守法律法规及餐厅的各项规章制度，养成良好的纪律习惯。

2. 知识素质要求

良好的文化素养、专业素养和广博的社会知识，不仅是做好客房服务工作的需要，而且能潜移默化地培养服务人员高雅的气质、广泛的兴趣、准确的判断能力和坚强的意志。客房从业人员应了解和掌握客房相关知识、旅游知识、宗教知识和外语知识等。

3. 能力素质要求

客房服务人员在工作中，与客人和同事进行沟通、联系，都是通过语言来进行的，因此客房服务人员的语言要文明、简明、清晰，符合礼仪规范。对客人提出的问题暂时无法解决时，应耐心解释并于事后设法解决，不推诿和应付。同时，还要巧妙得体、委婉灵活、幽默风趣，使客人得到尊重与满足。此外，还应具备一定的外语水平。

4. 身体素质要求

客房服务人员要有健康的体魄才能胜任客房服务工作，因此酒店都要求客房工作人员定期体检，确保没有传染性疾病。

（二）酒店客房部主要岗位及岗位职责

1. 客房服务中心

客房服务中心既是客房部的信息中心，又是对客服务中心，负责统一调度对客服务工作。凡有关客房部工作的信息一般都要经过客房服务中心处理。其主要职责包括处理宾客失物的保存和认领等事宜；发放客房用品，管理楼层钥匙，及时通知有关楼层服务员为宾客提供相应服务，同时承担为 VIP 准备礼仪物品的责任；保存客房部所有的档案资料，并及时补充和更新；保持与前厅部和其他部门的联络、协调等。

2. 楼层服务组

楼面由各种类型的客房组成，是客人休息的场所。每层楼都设有供服务员使用的工作间。楼面人员负责全部客房及楼层走廊的清洁卫生，同时还负责客房内用品的更换、设备的简易维修和保养，并为住客和来访客人提供必要的服务。楼层服务组通常设主管、领班和服务员。下设早、中、晚 3 个班次。负责所有住客楼层的客房、楼道、电梯口的清洁卫生和接待服务工作。

3. 公共区域

负责酒店各部门办公室、餐厅（不包括厨房）、公共洗手间、衣帽间、大堂、电梯厅、各通道、楼梯、花园和门窗等公共区域的清洁卫生工作。公共区域服务组通常设主管、领班和服务员。下设早、中、晚3个班次。

4. 洗衣房

洗衣房负责收洗客衣，洗涤选手制服和对客服务的所有布草、布件。洗衣房的归属，在不同的酒店有不同的管理模式。大部分酒店都归客房部管理，但有的酒店，洗衣房则独立成为一个部门，而且对外提供洗衣服务。小型酒店则可不设洗衣房，酒店的洗涤业务委托社会上的洗衣公司负责。洗衣房通常设主管和领班，下设客衣组、湿洗组、干洗组、熨衣组。

5. 布草房

布草房，有的酒店称其为布件房，负责酒店所有工作人员的制服，以及餐厅和客房所有布草的收发、分类和保管。对有损坏的制服和布草及时进行修补，并储备足够的制服和布草以供酒店经营周转使用。布草房通常设主管和领班，下设布件、制服服务员和缝补工若干。

三、客房服务礼仪与语言

（一）客房服务行为规范

客房服务基本礼仪规范主要包括站姿、走姿、手势、语言等方面，具体要求如表2-2-1所示。

表 2-2-1 客房服务基本礼仪规范

礼仪分类	要求	要领
站姿	自然、优美、轻松、挺拔	•站立时身体保持头正、肩平、身直、挺胸、收腹，两眼自然平视，神情放松，面带微笑。女迎宾员站立时，双脚应呈"丁"字形，双膝与脚后跟均应靠紧，双手交握手指于小腹前。男迎宾员站立时，双脚可以呈"V"形，或双脚打开与肩同宽，双手交握手腕于小腹前或背后 •站立时不得东倒西歪，如歪脖、斜肩、弓背、屈腿等，双手不得交叉，也不得抱在胸口或插入口袋，不得靠墙或斜倚在其他支撑物上

礼仪分类	要求	要领
坐姿	端正、稳重、自然、亲切、舒适等	• 入座时，注意动作轻而缓 • 走到座位前转身，右脚后退半步，然后左脚跟上，轻而缓地坐下，不要发出响声 • 上身姿势保持正直，可略微前倾 • 头部方正，两肩放松，挺直脖子，挺起胸部，同时背部和臀部呈直角 • 双膝并拢，双手自然放于双膝上或椅子上 • 常见坐姿包括：标准坐姿、S形坐姿、脚步式坐姿等
走姿	自然、大方、优雅、活力等	• 行走时身体重心可稍向前倾，昂首、挺胸、收腹，上体要正直，双目平视，面带微笑，肩部放松，两臂自然下垂摆动，前后幅度约45°，步幅合适。女选手走一字线，男选手走平行线 • 行走时路线一般靠右行，不可走在路中间。行走过程中如遇客人，应自然注视对方，点头示意并主动让路，不可抢道而行。如有急事需超越时，应先向客人致歉再加快步伐超越，动作不可过猛；在路面较窄的地方遇到客人，应将身体正面转向客人；在来宾面前引导时，应尽量走在宾客的侧前方 • 行走时不能走"内八字"或"外八字"，不应摇头晃脑、左顾右盼、手插口袋、吹口哨、慌张奔跑或与他人勾肩搭背
手势	优雅、含蓄、准确、礼貌	• 在接待、引路、向客人介绍信息时要使用正确的手势，五指自然并拢伸直，掌心不可凹陷，掌心向上，以肘关节为轴。眼望目标指引方向，同时应注意客人是否明确所指引的目标 • 切记不可只用食指指指点点，而应采用掌式
语言	礼貌、准确、清晰、专业	• 常见的有："欢迎光临""请问有无预订""请问您几位""这边走，请""小心台阶""请问对这个房间还满意吗""祝您入住愉快""各位慢走，欢迎再次光临"等
微笑	真诚、含蓄、优雅、礼貌	• 笑的种类很多，餐厅服务中一般提倡使用微笑 • 另外，笑也需要根据场合来，不该笑的时候不要发出笑声，否则容易引起客人的不满
握手	力量适度、礼貌、优雅等	• 握手方式一般是伸出右手，四指并拢，拇指伸开，掌心向内，手掌同地面处置。同时，手的高度和对方的腰部持平或略高，上身微微前倾，双目平视对方，面带微笑，头部微低。在握手的力度上一般手指稍稍用力即可。对于初次见面者，握手时间一般控制在2~3s，切忌握住对方的手久久不放开。老友和熟人之间，握手时间可以略长 • 握手的顺序上也有讲究，一般是上下级间上级先伸手、长幼间年长者先伸手、男女间男性先伸手、宾主间主人先伸手等

续表

礼仪分类	要求	要领
鞠躬	微笑、优雅、礼貌等	• 身体呈立正姿势，不要出现向前弯曲或两脚叉开姿势，和客人保持一步半至两步的距离 • 鞠躬时双目注视对方 • 身体上部向前倾斜20°左右，面部保持微笑，视线随着鞠躬动作自然下垂 • 鞠躬时不能戴帽子

（二）客房服务礼仪规范（见表2-2-2）

表2-2-2　客房服务迎送礼仪规范

迎送服务	礼仪步骤	规范要求	提示
迎梯服务	准备	• 听到电梯铃响，立即站到电梯门边	• 正常情况下，电梯铃响时，服务员应停止手头工作，做好迎梯准备
	扶梯	• 当客人将要进入电梯门时，应内侧手扶电梯活动门，外侧手自然向后收于背后，微鞠躬，恭请客人出电梯	• 当电梯门开启时，切忌过于贴近电梯门，以免挡住客人出电梯或使客人受惊。应与电梯呈30°，面带微笑，腿站直，身微鞠躬，内侧手要扶稳电梯活动门以免电梯门反弹后关上夹伤客人
	迎客	• 当客人到达楼层将要走出电梯门时，面带微笑向客人问好，同时说明楼层	• 注意礼貌，音量适中，做到大方得体 • 语句：您好，这里是XX楼，欢迎光临！
	询问	• 询问客人入住的房号，并伸手指向客人入住房间的方向	• 对于刚入住的客人要热情、主动询问客人入住的房间号并伸手示意指引客人到房间的方向。对于熟客应以姓氏称呼客人，以示亲切。已入住的客人则直接伸手示意指引客人到房间的方向 • 语句：您好！请问您的房间号是多少？这边请，入住愉快！
	送客	• 目送客人进入房间。当客人行李过多时，应替岗主动帮忙	• 遇到VIP客人应将其带至房间

续表

迎送服务	礼仪步骤	规范要求	提示
送梯服务	准备	• 看到客人走出房门后，面带微笑，主动向客人问好，并以手示意客人乘电梯的方向	• 语句：早上好/下午好/晚上好！这边请
	询问	• 有礼貌地询问客人是否下楼层	• 主动帮助客人按下电梯按钮
	扶梯	• 当电梯门开启时，内侧手扶电梯活动门，外侧手自然弯曲指向电梯内部，腿站直，身微鞠躬，恭请客人进电梯	• 应与电梯呈30°角，面带微笑，内侧手要扶稳电梯活动门，以免电梯门关闭夹伤客人
	送客	• 待客人进入电梯后方可松开电梯门，两手交叉于背后，往后退一步约50cm，站在电梯门外向客人道别，面带微笑，目送客人，直至电梯门完全关上	• 当电梯门已开启而客人还未走进电梯间时，应有礼貌地请梯内的客人稍等

（三）客房服务语言规范

根据不同的客房服务场景，客房服务语言可以分为称谓语、问候语、征询语、拒绝语、指示语、答谢语、道歉语、告别语和推销语等（见表2-2-3）。

表2-2-3　常用客房服务语言

分类	服务语言	表达技巧
称谓语	小姐、先生、夫人、太太、女士、同志、师傅、老师、阁下等	• 称谓语可以分为泛称谓语、尊称谓语和谦称谓语 • 在没有得到准确的顾客信息的情况下，对男性一般称先生 • 在没有得到准确的顾客信息的情况下，对女性据年龄称女士或小姐，并要注意不同场合和服务情景的适当变通
问候语	您好、早上好、中午好、晚上好、新年好、圣诞快乐、生日快乐、幸福美满等	• 问候语可以分为标准问候语、时效问候语和特殊问候语 • 把握问候语使用的时机和场合，注意时空感 • 使用问候语时可以配合一定的肢体语言

分类	服务语言	表达技巧
征询语	• 您对今天的入住满意吗 • 您对今天的服务满意吗	• 征询语一般在帮助客人或者希望客人或同事配合自己的工作时候使用 • 使用征询语时需要注意语气，应尽量委婉使用
拒绝语	• 很遗憾 • 真抱歉，不能帮您的忙 • 非常抱歉，我们不能这样操作，这样做会违反规定	• 拒绝语也被称为推脱语，一般在无法满足同事或客人时使用 • 使用拒绝语时需要注意语气，应尽量委婉表达，并说明无法满足的主要原因
指示语	• 这边请 • 向前一直走 • 请坐	• 指示语的使用需要注意语气和方式，切忌使用命令的语气 • 使用指示语时可以配合手势，同时需要注意手势礼仪
答谢语	• 谢谢您的建议 • 感谢您的夸奖	• 使用答谢语时，注意言简意赅，同时要态度真诚 • 使用告别语时可以配合一些肢体语言，如握手、鞠躬等
道歉语	• 很抱歉 • 对不起 • 请原谅	• 道歉语的使用通常是希望得到别人的原谅 • 酒店业的事务性工作比较多，也比较琐碎，因此在对客服务过程中难免会出现错误，及时且主动地承认错误，然后进行改正，一般都能够得到客人的原谅
告别语	• 再见 • 晚安 • 欢迎下次光临	• 告别语主要在同客人告别时使用，一般简短精练，且声音洪亮 • 使用告别语时可以配合一些肢体语言，如挥手、点头、鞠躬等
推销语	• 您还需要续住吗 • 请问还需要其他的客房服务吗	• 使用推销语的时候需要善于使用语言的艺术 • 进行推销时需要注意客人的表现，如表情和肢体语言，推销有度，把握适当的销售时机

➡️ **实训实施**

一、酒店客房服务礼仪

（一）实训要求（见表 2-2-4）

表 2-2-4　客房服务礼仪模拟实训要求

实训场景	客房实训室，模拟客房服务礼仪
实训准备	客房服务礼仪规范与标准
角色扮演	2 名同学一组进行客房服务模拟实训
实训规则与要求	• 同组 2 名同学根据客房服务礼仪规范与标准进行模拟实训 • 当 1 名同学进行实训时，另外 1 名同学根据该名同学的实训操作进行评估，并记录其操作不当环节 • 当同组同学全部操作完毕后，先进行自我评价，然后进行小组内互评，最后由授课老师根据各个小组的操作记录进行最终评价
模拟实训评分表	如表 3-2-5 所示

（二）实训考核（见表 2-2-5）

表 2-2-5　客房服务礼仪实训评分

评分项目	评分标准	分值	得分
仪容仪表	• 服装干净平整，工牌端正佩戴 • 化淡妆，发型利落，不遮面部 • 手部保持清洁，指甲长度不超过 2mm，不涂彩色指甲油	10	
服务姿态	• 站立时身姿挺拔，双手自然交叠于身前 • 行走时步幅适中，平稳无声 • 敲门时力度适宜，连续敲 3 下后报身份，如"客房服务"	10	
服务语言	• 用中英文双语进行问候，例如"Good morning, Housekeeping" • 对客人的需求及时回应，使用"好的，马上为您处理"等礼貌用语 • 离开房间时礼貌道别，如"祝您入住愉快"	10	
操作流程规范	• 进房后按标准开启工作模式，检查房间 • 按照流程依次完成铺床、清洁卫生间、补充客用品等操作 • 物品摆放严格遵循酒店标准，误差不超过 5cm	20	

续表

评分项目	评分标准	分值	得分
对客沟通技巧	• 与客人交流时保持微笑，眼神专注 • 耐心倾听客人需求，避免打断客人 • 遇到客人提出特殊要求时，礼貌说明并及时上报	10	
应急处理	• 发现房间有客人时，立即致歉并退出 • 遇到设备故障（如马桶漏水），迅速联系工程部并安抚客人 • 及时处理客人投诉，态度诚恳	10	
服务细节把控	• 清洁时轻拿轻放物品，避免产生噪声 • 主动询问客人是否需要整理房间 • 离开房间前检查电源、门窗是否关闭	10	
整体印象	• 服务全程保持专业、亲切的态度 • 操作结束后清理工作区域，恢复原样 • 对特殊需求（如环保房）执行到位	10	
创新设计	• 提供个性化服务，如根据客人习惯调整布草摆放 • 运用特色语言，如方言问候（仅限本地客人）	10	
总分		100	
教师评价：			

任务3　餐饮服务职业素养养成

学习目标

1. 熟悉酒店餐饮部任务、作用与组织架构。

2. 熟悉酒店餐饮选手的素质要求、服务礼仪规范。

3. 掌握酒店餐饮对客服务的基本用语与表达技巧。

一、餐饮部任务与作用

（一）酒店餐饮部组织架构

酒店餐饮部规模和酒店规模关系密切，通常酒店档次越高、规模越大，酒店餐饮部的组织架构就越复杂。组织架构的主要作用是帮助餐饮部部门和选手了解部门与部门之间的关系以及部门内部选手管理的梯度，使餐饮部选手了解自己在部门中的位置和职业发展路径。通常根据酒店规模不同，一般可以将酒店餐饮部分为小型、中型和大型三种。图 2-3-1 为高星级酒店餐饮部组织架构（例）。

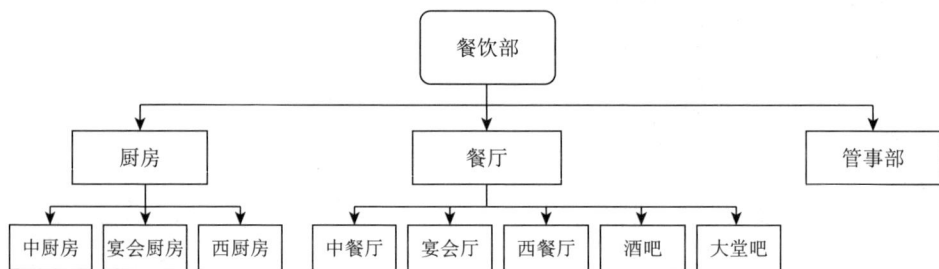

图 2-3-1 高星级酒店餐饮部组织架构（例）

（二）酒店餐饮部地位与作用

1. 酒店餐饮部的构成与任务

酒店餐饮部是酒店一线对客服务的主要部门，一般包括中西餐厅、宴会厅、大堂吧、酒吧、特色餐厅、厨房和管事部。酒店餐饮部的经营与管理是客人在店消费体验的主要环节，是评价酒店整体服务质量和水平的主要指标。餐饮部是负责向客人提供餐饮产品和餐饮服务的部门，其营业收入是酒店的主要经济来源。餐饮部的经营管理工作反映了酒店的管理水平和服务质量。餐饮部主要承担着不断发掘潜力、开拓创新餐饮市场，吸引并留住客人，做好餐饮各项工作的重要责任，同时还会根据宾客的需要和可能，为宾客提供全面优质的服务及美观、幽雅、舒适的氛围，重点抓特色菜肴，使宾客满意，同时为酒店创造更高的经济效益。

2. 酒店餐饮部的作用

酒店餐饮部是为酒店内外部客人提供餐饮产品和服务的主要场所，其作用通常包括以下几点。第一，餐饮部是酒店客人消费和社交的主要活动场景。酒店餐饮部包含中餐厅、西餐厅、咖啡厅、酒吧、大堂吧和宴会厅等餐饮设施设备，这些场所都为客人的交际活动提供了场地和空间。第二，餐饮部是酒店收入的主要来源和重要组成部分。餐饮经营收入一般占酒店总收入的30%~40%，对于很多宴会型酒店，餐饮收入占比会更高。同时，餐饮收入也是平衡酒店经营中的季节性差异的主要手段之一，在旅游或者商务活动淡季，酒店餐饮可以通过周边客源来补充餐饮收入不足的情况，确保酒店的整体收入水平。第三，餐饮部选手和餐厅众多，其服务质量和管理水平直接影响酒店的声誉，也会影响酒店的客源和经济效益。第四，酒店餐饮部的产品和服务是酒店整体营销活动的重要组成部分，通常和酒店客房产品进行组合，用以满足不同类型消费者的需求。同星级的酒店的客房设施标准相对比较接近，而餐饮和其他服务则被客人作为选择酒店的重要因素。与酒店的其他部门相比，餐饮部在激烈的市场竞争中更具灵活性、多变性和可塑性，常常是酒店营销的先导。

二、餐饮职业角色认知

（一）酒店餐饮部选手的素质要求

酒店餐饮部选手的素质要求是指和餐饮服务与管理相关的各项素质要求的总和，通常包括思想素质要求、知识素质要求、能力素质要求和身体素质要求。

1. 思想素质要求

餐饮从业人员须充分认识到餐饮服务工作对整个酒店经营与发展的重要作用，热爱本职工作，忠于职守，不断学习，开拓创新，具有"宾客至上、服务第一""来者都是客、一视同仁"等服务意识。餐饮从业人员应始终把餐厅和宾客的利益放在第一位，服从领导，为人可靠，平易近人，性情开朗。同时，应具备热情待客、乐于助人的服务精神，文明礼貌、不卑不亢的职业风尚，诚信无欺、真实公道的经营作风，廉洁奉公、谦恭自律的优良品质，团结友爱、顾全大局的处事风格。餐饮从业人员还要自觉遵守法律法规及餐厅的各项规章制度，养成良好的纪律习惯。

2. 知识素养要求

良好的文化素养、专业素养和广博的社会知识，不仅是做好餐饮服务工作的需要，而且能潜移默化地培养服务人员高雅的气质、广泛的兴趣、准确的判断能力和坚强的意志。餐饮从业人员应了解和掌握食品知识、营养知识、保健知识、餐厅设备的使用和维修保养知识、旅游文史知识、旅游地理知识、民俗和法律知识、宗教知识、计算机应用知识、外语知识等。

3. 能力素质要求

餐饮服务人员在工作中，与客人和同事进行沟通、联系，都是通过语言来进行的。餐饮服务人员的语言要文明、简明、清晰，符合礼仪规范；对客人提出的问题暂时无法解决时，应耐心解释并于事后设法解决，不推诿和应付。同时，还要巧妙得体、委婉灵活、幽默风趣，使客人得到尊重与满足。此外，还应具备一定的外语水平。

餐饮服务人员还要懂得托盘、摆台、餐巾折花、斟酒、上菜、分菜餐饮六大操作技能及其他服务技能，懂得各种服务的规范、程序和要求，并能熟练运用在实际的服务过程中。

4. 身体素质要求

餐饮工作素有"日行百里不出门"之说，站立、行走、托盘、铺台等都要有一定的腿力、臂力和腰力，服务人员要有健康的体魄才能胜任此工作。同时，服务人员向宾客提供餐饮产品，为防止"病从口入"，要求餐饮工作人员定期体检，确保没有传染性疾病。

（二）酒店餐饮部主要岗位及岗位职责

酒店餐饮部岗位根据岗位职责一般可以分为四种岗位类型。餐饮部前台岗位，如餐厅服务员、餐厅领班、餐厅经理等；餐饮部后场岗位，如管事部领班、管事部主管等；餐饮部技术岗位，如厨师长等；餐饮部管理岗位，如餐饮总监等（见表 2-3-1）。

表 2-3-1 酒店餐饮部主要岗位

岗位类型	岗位内容	具体岗位
餐饮部前台岗位	对客服务	迎宾员、服务员、收银员、吧员、传菜员、领班、主管、经理等
餐饮部后场岗位	后勤保障	洗碗工、库管、管事部领班、管事部主管等
餐饮部技术岗位	技术加工	厨师、厨师长、行政总厨等
餐饮部管理岗位	经营管理	餐厅经理、餐饮经理、餐饮总监等

三、餐饮服务礼仪与语言

（一）餐饮服务行为规范

餐厅服务基本礼仪规范主要包括站姿、坐姿、走姿、手势、语言、微笑、握手、鞠躬几方面（见表 2-3-2）。

表 2-3-2 餐厅服务基本礼仪规范

分类	要求	要领
站姿	自然、优美、轻松、挺拔	•站立时身体保持头正、肩平、身直、挺胸、收腹，两眼自然平视，神情放松，面带微笑。女迎宾员站立时，双脚应呈"丁"字形，双膝与脚后跟均应靠紧，双手交握手指于小腹前。男迎宾员站立时，双脚可以呈 V 形，或双脚打开与肩同宽，双手交握手腕于小腹前或背后 •站立时不得东倒西歪，如歪脖、斜肩、弓背、曲腿等，双手不得交叉，也不得抱在胸口或插入口袋，不得靠墙或斜倚在其他支撑物上 •常见站姿包括：标准站姿、前腹式站姿、后背式站姿等
坐姿	端正、稳重、自然、亲切、舒适等	•入座时，注意动作轻而缓 •走到座位前转身，右脚后退半步，然后左脚跟上，轻而缓地坐下，不要发出响声 •上身姿势保持正直，可略微前倾 •头部方正，两肩放松，挺直脖子，挺起胸部，同时背部和臀部呈直角 •双膝并拢，双手自然放于双膝上或椅子上 •常见坐姿包括：标准坐姿、S 形坐姿、脚步式坐姿等

分类	要求	要领
走姿	自然、大方、优雅、活力等	• 行走时身体重心可稍向前倾，昂首、挺胸、收腹，上体要正直，双目平视，面带微笑，肩部放松，两臂自然下垂摆动，前后幅度约45°，步幅合适。女选手走一字线，男选手走平行线 • 行走时路线一般靠右行，不可走在路中间。行走过程中如遇客人，应自然注视对方，点头示意并主动让路，不可抢道而行。如有急事需超越时，应先向客人致歉再加快步伐超越，动作不可过猛；在路面较窄的地方遇到客人，应将身体正面转向客人；在来宾面前引导时，应尽量走在宾客的侧前方 • 行走时不能走"内八字"或"外八字"，不应摇头晃脑、左顾右盼、手插口袋、吹口哨、慌张奔跑或与他人勾肩搭背 • 行走时注意步位和步幅。步位是指两只脚行者的路线应该是两条平行线，两脚间的横向距离为3~5cm。步幅指两脚间前后距离一般是一脚长的距离，但也需要根据身高来进行调整
手势	优雅、含蓄、准确、礼貌	• 在接待、引路、向客人介绍信息时要使用正确的手势，五指自然并拢伸直，掌心不可凹陷，掌心向上，以肘关节为轴。眼望目标指引方向，同时应注意客人是否明确所指引的目标 • 切记不可只用食指指点，而应采用掌式
语言	礼貌、准确、清晰、专业	• 常见的有："欢迎光临""请问有无预订""请问您几位""这边走，请""小心台阶""请问对这个餐位还满意吗""祝您用餐愉快""各位慢走，欢迎再次光临"等
微笑	真诚、含蓄、优雅、礼貌	• 笑的种类很多，餐厅服务中一般提倡使用微笑 • 另外笑也需要根据场合来，不该笑的时候不要发出笑声，否则容易引起客人的不满
握手	力量适度、礼貌、优雅等	• 握手方式一般是伸出右手，四指并拢，拇指伸开，掌心向内，手掌同地面处置。同时，手的高度和对方的腰部持平或略高，上身微微前倾，双目平视对方，面带微笑，头部微低。在握手的力度上一般手指稍稍用力即可。对于初次见面者，握手时间一般控制在2~3s，切忌握住对方的手久久不放开。老友和熟人之间，握手时间可以略长 • 握手的顺序上也有讲究，一般是上下级间上级先伸手、长幼间年长者先伸手、男女间男性先伸手、宾主间主人先伸手等
鞠躬	微笑、优雅、礼貌等	• 身体呈立正姿势，不要出现向前弯曲或两脚叉开姿势。和客人保持一步半至两步的距离 • 鞠躬时双目注视对方 • 身体上部向前倾斜20°左右，面部保持微笑，视线随着鞠躬动作自然下垂 • 鞠躬时不能戴帽子

（二）餐饮服务礼仪规范

餐饮服务接待礼仪规范是指在进行餐饮对客服务时需要使用到的礼仪规范（见表2-3-3）。

表2-3-3　餐厅服务接待礼仪规范

分类	规范要求
迎宾服务	• 遇到客人主动问好，热情欢迎宾客 • 主动使用规范用语表示欢迎，态度和蔼，语言亲切，语速和音量适中
拉椅让座	主动为客人拉开椅子，并示意客人入座。用手指示餐位时，手指要并拢，微微弯曲，掌心向上
铺餐巾	依据女士优先等服务原则，按照餐巾服务的规范为客人铺餐巾。在铺餐巾前需要先征询客人的意见，得到客人允许后，从客人右后侧进行铺餐巾服务
撤筷套	用手势或语言提醒客人将为其提供撤筷套服务
茶水服务	进行茶水服务时，使用敬语询问客人需要何种茶水，并且在点完茶水后，同客人再次确认，避免出现记录错误的现象
点单服务	• 进行点单服务时，站在客人右侧，将菜单打开，上身微躬，双脚并拢，双脚站直 • 在为客人指示菜品时，应保持五指并拢、掌心向上的方式，切忌使用手指或笔指点菜品 • 服务过程中面带微笑，表情自然，语言亲切自然、简明清晰
菜肴服务	核对菜肴，确认无误后，从正确的位置上菜，并以四指并拢、手掌伸直的规范服务手势向客人介绍菜品。介绍菜品时，应包括菜品名称、烹制方法、口味特点、食用方法、菜品典故等。征得客人同意后才能清理台面，菜品从大盘换到小盘里并放回台面。换盘时要先向客人讲明，并在附近工作台操作。配有调料的热菜，均应将调料统一摆放在菜盘的右侧
巡台服务	在整个服务过程中，注意力要集中，注意观察顾客的用餐情况，发现问题及时解决，应始终坚持托盘服务、微笑服务、站立服务、敬语服务
餐后服务	顾客离座时，应提醒顾客带好自己的随身物品，使用规范用语向客人礼貌道别："谢谢光临，再见！"并目送客人离开餐厅

（三）餐饮服务语言规范

1. 餐饮服务语言分类及表达技巧

根据不同用餐场景和用餐进展，餐饮服务语言可以分为称谓语、问候语、征询语、拒绝语、指示语、答谢语、道歉语、告别语和推销语（见表2-3-4）。

表 2-3-4　常用餐饮服务语言及表达技巧

分类	服务语言	表达技巧
称谓语	小姐、先生、夫人、太太、女士、同志、师傅、老师等	・称谓语可以分为泛称谓语、尊称谓语和谦称谓语 ・在没有得到准确的顾客信息的情况下，对男性一般称先生 ・在没有得到准确的顾客信息的情况下，对女性据年龄称女士或小姐，并要注意在不同场合和服务情景中的适当变通
问候语	您好、早上好、中午好、晚上好、新年好、圣诞快乐、生日快乐、幸福美满等	・问候语可以分为标准问候语、时效问候语和特殊问候语 ・把握问候语使用的时机和场合，注意时空感 ・使用问候语时可以配合一定的肢体语言
征询语	・您对今天的菜肴满意吗 ・您对今天的服务满意吗	・征询语一般在帮助客人或者希望客人或同事配合自己工作的时候使用 ・使用征询语时需要注意语气，应尽量委婉使用
拒绝语	・很遗憾 ・真抱歉，不能帮您的忙 ・非常抱歉，我们不能这样操作，这样做会违反规定	・拒绝语也被称为推脱语，一般在无法满足同事或客人时使用 ・使用拒绝语时需要注意语气，应尽量委婉表达，并说明无法满足的主要原因
指示语	・这边请 ・向前一直走 ・请坐	・指示语的使用需要注意语气和方式，切忌使用命令的语气 ・使用指示语时候可以配合手势，同时需要注意手势礼仪
答谢语	・谢谢您的建议 ・感谢您的夸奖	・使用答谢语时，注意言简意赅，同时要态度真诚 ・使用告别语时可以配合一些肢体语言，如握手、鞠躬等
道歉语	・很抱歉 ・对不起 ・请原谅	・道歉语的使用通常是希望得到别人的原谅 ・酒店业的事务性工作比较多，也比较琐碎，因此在对客服务过程中难免会出现错误，及时且主动地承认错误，然后及时改正，一般都能够得到客人的原谅
告别语	・再见 ・晚安 ・欢迎下次光临	・告别语主要在同客人告别时使用，一般简短精练，且声音洪亮 ・使用告别语时可以配合一些肢体语言，如挥手、点头、鞠躬等

续表

分类	服务语言	表达技巧
推销语	•需要再来一份牛排吗 •今天的红酒怎么样？需要再来一杯吗	•使用推销语的时候要善于运用语言的艺术 •进行推销时需要注意客人的表现，如表情和肢体语言，推销有度，把握适当的销售时机

实训实施

一、酒店餐饮服务礼仪

（一）实训要求（见表 2-3-5）

表 2-3-5　餐饮服务礼仪模拟实训要求

实训场景	餐厅实训室，模拟餐饮服务礼仪
实训准备	餐饮服务礼仪规范与标准
角色扮演	2 名同学一组进行餐饮服务模拟实训
实训规则与要求	•同组 2 名同学根据餐饮服务礼仪规范与标准进行模拟实训 •当 1 名同学进行实训时，其余同学根据该名同学的实训操作进行评估，并记录其操作不当环节 •当同组同学全部操作完毕后，先进行自我评价，然后进行小组内互评，最后由授课老师根据各个小组的操作记录进行最终评价
模拟实训评分表	如表 2-3-5 所示

（二）实训考核（见表 2-3-6）

表 2-3-6　餐饮服务礼仪实训评分

评分项目	评分标准	分值	得分
仪容仪表	•制服整洁挺括，领结/围裙佩戴规范 •发型符合标准（男士前不遮眉，女士盘发） •手部清洁无饰品，指甲长度≤1mm	10	
服务姿态	•站立时双脚呈 V 形步，双手自然下垂 •行走时托盘平稳（重托不超过 5kg，轻托不超过 2kg） •鞠躬角度规范（迎宾 30°，致歉 45°）	10	

续表

评分项目	评分标准	分值	得分
服务语言	• 双语问候（中英文）规范（如 "Good evening，welcome to our restaurant"） • 使用礼貌用语（"请""谢谢""打扰一下"） • 送别语完整（如"感谢光临，期待下次见面"）	10	
餐中服务流程	• 摆台符合标准 • 上菜顺序正确（冷菜→汤→主菜→甜品） • 分菜动作规范，汤汁不洒漏	20	
对客沟通技巧	• 主动介绍菜品特色（中英文） • 倾听客人需求时身体前倾15°，适时记录 • 处理投诉时先致歉后解决，2mins 内响应	10	
酒水服务规范	• 开瓶时无杂音，红酒杯倒酒至 1/3 处 • 香槟杯斟倒时沿杯壁缓注，泡沫不溢出 • 咖啡 / 茶服务配备奶盅、糖罐	10	
应急处理	• 汤汁洒在客人身上时立即致歉并更换餐具 • 菜品异物及时退换，赠送果盘补偿 • 设备故障（如空调失灵）5mins 内解决	10	
服务细节把控	• 骨碟更换及时（每道菜后更换） • 主动添加酒水（杯量低于 1/3 时续斟） • 离场时为客人拉椅致谢	10	
创新设计	• 个性化服务设计（如儿童座椅布置） • 特色语言表达（如用地方方言介绍特色菜）	10	
总分		100	
教师评价：			

任务4　酒水服务职业素养养成

学习目标

1. 熟悉酒水的分类标准及特点。

2. 熟悉酒水服务流程与规范，能够根据宾客的酒水服务需求提供专业的酒水服务。

3. 掌握酒水服务专业术语。

知识准备

一、酒水分类标准及特点

在酒店的酒水服务体系中，关于酒水的分类方法与标准有多种，目前主流的分类方式为是否含有酒精，可将酒水饮品分为两类：一类是酒精饮品，根据其制作工艺一般可以分为发酵酒、蒸馏酒和配制酒（见表2-4-1）；另一类是无酒精饮品，常见的无酒精饮品主要有咖啡、茶、软饮等（见表2-4-2）。

表2-4-1　酒精饮品分类及特点

类型	特点	典型品种
发酵酒	将酿造原料（通常是谷物与水果汁）直接放入容器中加入酵母发酵酿制而成的酒液	黄酒、米酒、啤酒、葡萄酒、清酒
蒸馏酒	将经过发酵的原料（或发酵酒）加以蒸馏提纯，获得含有较高酒精度数的液体。通常可经过一次、两次甚至多次蒸馏，便能取得高浓度、高质量的酒液	白酒、白兰地、威士忌、伏特加、朗姆酒、金酒、特基拉

续表

类型		特点	典型品种
配制酒	中国配制酒	露酒。以食用酒精为主料，加香料、糖料、色素等制成的有水果风味的饮用酒，有的以果汁、果皮、鲜花为原料	竹叶青酒
		药酒。用白酒或食用酒精、黄酒浸泡各种药材制成，分为以防治疾病为目的的药性酒和以滋补强身为目的的补性酒	人参酒、三蛇酒
	外国配制酒	开胃酒。也称餐前酒，具有生津开胃、增进食欲之功效，通常以葡萄酒或蒸馏酒为酒基，加上调香材料制成	味美思酒、苦味酒、茴香酒
		甜食酒。又称餐后甜酒，是佐助餐后甜点时饮用的酒品。通常以葡萄酒作为酒基，加入食用酒精或白兰地以增加其酒精含量，并保护酒中糖分不再发酵。甜食酒又称为强化葡萄酒，口味较甜	雪利酒、波特酒
		利口酒。以蒸馏酒为酒基，配制各种调香物，并经甜化处理的酒精饮料。调香物有果类、草类和植物种子类等，只采用浸制或兑制的方法加入酒基内，不做蒸馏处理，甜化剂是食用糖或糖浆	金万利、杜林标、君度酒、百利甜酒

表 2-4-2　无酒精饮品分类及特点

类型	特点	典型品种
矿泉水	从地下深处自然涌出的或者是经人工发掘的、未受污染的地下矿水；含有一定量的矿物盐、微量元素或二氧化碳气体	气泡矿泉水、无气矿泉水
果蔬汁	以水果或蔬菜为原料，经过物理方法如压榨、离心、萃取等得到的汁液产品	浓缩果蔬汁、鲜榨果蔬汁、调和果蔬汁
碳酸饮料	在经过纯化的饮用水中压入二氧化碳气体的饮料的总称，又称汽水。饮用时，泡沫多而细腻，清凉可口	普通型、果味型、可乐型

续表

类型	特点	典型品种
咖啡	用咖啡豆配合各种不同的烹煮、萃取、滴漏等器具制作出来的。咖啡豆由咖啡树果实里的果仁通过适当的方法烘焙而成	拿铁咖啡、卡布奇诺、摩卡咖啡、美式咖啡、白咖啡
茶	用茶树的叶子制成茶叶，泡水后食用。茶含有多种有益成分，并具有强心、利尿等保健功效	红茶、绿茶、黄茶、白茶、黑茶、花茶、乌龙茶

二、酒水服务流程与规范

（一）葡萄酒服务

葡萄酒在中西餐用餐服务中占有非常重要的地位，尤其在西餐用餐中，葡萄酒是必备的佐餐酒水。葡萄酒服务的核心主要是对酒水信息的核对以及根据不同类型的葡萄酒选择正确的服务方式进行服务（见表2-4-3）。

表2-4-3　葡萄酒服务

流程	具体步骤	标准与要求
服务前准备	1.五维度检查法	•酒款：核对年份、产区、葡萄品种（如2025年法国波尔多赤霞珠） •外观：检查酒标完整性、瓶身清洁度（无指纹、无酒渍） •封条：确认锡箔纸密封无破损 •温度：红葡萄酒16~18℃（室温），白葡萄酒8~10℃（冰桶冷藏） •附件：醒酒器、冰桶夹、口布等配套工具齐全
	2.酒具准备	杯型匹配： •红葡萄酒杯（杯肚大，便于醒酒） •白葡萄酒杯（杯口小，减少香气挥发） •起泡酒杯（笛形杯，保持气泡持久） 清洁标准： •使用专用抹布擦拭，确保无指纹、无水渍 •杯柄手持，避免体温影响酒温

流程	具体步骤	标准与要求
服务流程	1. 展示与确认	操作规范： •左手托瓶底，右手扶瓶颈，酒标朝向客人 •中英文双语确认：This is the 2021 Napa Valley Cabernet Sauvignon you ordered. May I serve it now? 赛事评分点： •展示姿势是否优雅（身体微侧45°，手臂自然下垂） •语言表达是否清晰流畅
	2. 开瓶操作	标准流程： •割开封条（距瓶口1cm处环切） •螺旋钻垂直钻入软木塞（保持中心点不偏移） •匀速拔出木塞（无爆塞声） •擦拭瓶口（用口布清洁内外边缘）
	3. 醒酒与试酒	醒酒决策： •年轻红葡萄酒需醒酒30min（单宁软化） •老年红葡萄酒直接倒入醒酒器（防止过度氧化） 试酒礼仪： •倒1/3杯给主人品鉴 •询问反馈：How does it taste? Would you like to adjust the serving temperature?
	4. 斟酒服务	顺序与分量： •顺序：主宾→女主宾→主人→其他宾客 •分量：红葡萄酒1/3杯（约60mL），白葡萄酒1/2杯（约90mL） 姿势要求： •右手持瓶，商标朝向客人 •每斟完一杯，顺时针轻转瓶口15°防滴漏

（二）鸡尾酒调制与服务

鸡尾酒是一种比较特殊的酒水，会根据不同的基酒和调制方法分为不同类型的鸡尾酒，其服务场景也比较多元。鸡尾酒调制与服务的核心主要是能够根据宾客的口味偏好推荐并调制出合适的鸡尾酒（见表2-4-4）。

表 2-4-4　鸡尾酒调制与服务

流程	具体步骤	标准与要求
服务前准备	1. 酒水与配料核对	基酒选择： • 六大基酒特性（伏特加中性、朗姆酒甜香、龙舌兰辛辣等） • 赛事指定基酒（如 2024 年新增"低酒精基酒"使用要求） 配料检查： • 新鲜果汁（现榨橙汁、柠檬汁） • 糖浆浓度（糖水比例 2 ： 1） • 装饰物（柠檬角、薄荷叶、橄榄等）
	2. 酒具与工具准备	专业工具： • 摇酒壶（波士顿壶、三段式壶） • 量杯（精确到 1mL） • 吧勺（螺旋式搅拌） 杯具标准： • 马提尼杯（预冷至 -5℃） • 柯林杯（杯口糖霜装饰技巧） • 飓风杯（热带风情杯型选择）
服务流程	1. 推荐与确认	需求分析： • 询问话术：Would you prefer a sweet, sour or bitter cocktail? • 过敏筛查：Any dietary restrictions?（e.g. gluten-free, vegan） 赛事重点： • 推荐理由是否专业（如"这款 Cosmopolitan uses vodka for a smooth base and cranberry for sweetness"）
	2. 调制操作	基础技法： • 摇和法（含果汁 / 乳制品的鸡尾酒）：冰与原料的比例为 2 ： 1 • 剧烈摇晃 12~15s（达到霜状效果） • 调和法（纯酒精类鸡尾酒）：沿吧勺缓缓注入，保持分层 • 搅和法（含碎冰饮品）：搅拌机转速控制（10s 内完成） 装饰物规范： • 柠檬皮扭转（释放精油） • 薄荷叶轻拍（激发香气） • 牙签固定（装饰物高度不超过杯口 2cm）
	3. 服务提供	• 根据宾客所点酒水进行顺时针服务，服务过程中先女士后男士；先宾客后主人 • 在宾客均品尝鸡尾酒后，应上前进行宾客对酒水满意度的询问 • 及时进行续杯服务，续杯前征询宾客意见，是否需要续杯

（三）西方烈酒服务

西方烈酒品类众多，比较常见的有伏特加、朗姆酒、金酒、龙舌兰酒、威士忌等。西方烈酒服务的方式与方法比较多元，通常分为调制鸡尾酒、纯饮、加冰饮用以及和软饮混合后饮用（见表2-4-5）。

表2-4-5　西方烈酒服务

流程	具体步骤	标准与要求
服务前准备	1. 五维检查法	• 酒款：核对品牌、年份、产区（如"2018年麦卡伦12年单一麦芽威士忌"） • 外观：检查瓶身完整性、标签清晰度（无磨损、无污渍） • 酒精度：确认标注值（如伏特加≥40% ABV） • 温度：纯饮威士忌需18~20℃，加冰饮用需预冷杯具至4℃ • 附件：冰桶、冰夹、杯垫等配套工具齐全
	2. 酒具准备	杯型匹配： • 纯饮：威士忌杯（郁金香杯，收口设计聚香） • 加冰：古典杯（厚底防冷凝水） • 混合饮用：海波杯（大容量搭配软饮） 清洁标准： • 使用无绒布擦拭，确保无划痕、无异味 • 杯具摆放时杯口朝上，避免灰尘落入
服务流程	1. 推荐与确认	需求分析： • 询问话术：Would you like your whiskey neat, on the rocks or mixed? • 风味偏好：Do you prefer smoky, sweet or spicy notes? 赛事重点： • 推荐理由是否专业（如"这款龙舌兰Reposado has smooth vanilla undertones for sipping"）
	2. 服务标准	纯饮服务： • 展示酒款（酒标朝向客人） • 倒酒至1/3杯（约50mL） • 配水服务（询问：Would you like a side of filtered water?） 加冰服务： • 冰块体积（2.5cm³，融化速度慢） • 冰量控制（3~4块，占杯体1/3） 混合饮用： • 基酒与软饮比例（如朗姆酒：可乐=1：3） • 搅拌次数（8~10圈，均匀混合）

流程	具体步骤	标准与要求
服务流程	3. 服务提供	• 根据宾客所点酒水进行顺时针服务，服务过程中先女士后男士；先宾客后主人 • 在宾客均品尝酒水后，应上前进行宾客对酒水满意度的询问 • 及时进行续杯服务，续杯前征询宾客意见，是否需要续杯

（四）无酒精饮品服务

酒店中的无酒精饮品主要包括茶、咖啡和软饮料。无酒精饮品服务的重点是能够根据不同类型的无酒精饮品选择合适的器皿与方式进行服务（见表2-4-6）。

表2-4-6　无酒精饮品服务

流程	具体步骤	标准与要求
服务前准备	1. 器皿与工具核对	茶具标准： • 绿茶：透明玻璃杯（展示茶叶舒展） • 红茶：瓷质茶壶（保温性好） • 花草茶：玻璃茶壶（搭配木勺搅拌） 咖啡器具： • 意式浓缩杯（小容量杯，1.5盎司） • 拿铁杯（较大容量，12盎司带耳柄） • 虹吸壶（日式手冲咖啡专用） 软饮料杯具： • 碳酸饮料：柯林杯（直筒型防泡沫溢出） • 果汁：高脚杯（提升视觉美感）
	2. 饮品与配料检查	茶品： • 检查茶叶的完整性（无碎渣、无变色） • 确认冲泡比例（如红茶1：50，绿茶1：80） 咖啡： • 现磨咖啡豆（粗细度匹配冲泡方式） • 牛奶温度控制（热饮60~65℃，冷饮冷藏至4℃） 软饮料： • 瓶装饮品保质期检查（剩余有效期≥3个月） • 现调饮品原料（糖浆浓度、水果新鲜度）

流程	具体步骤	标准与要求
服务流程	1. 推荐与确认	需求分析： • 询问话术：Would you prefer hot or iced tea? • 过敏筛查：Any allergies? 赛事重点： • 推荐理由是否专业（如银针白毫适合清饮，口感鲜爽）
	2. 冲泡与服务	茶类服务： • 温杯操作（沸水预热杯具） • 冲泡时间控制（绿茶 1~2mins，乌龙茶 3~5mins） • 奉茶礼仪（双手持杯柄，杯耳朝右） 咖啡服务： • 意式浓缩萃取（9bar 压力，25~30s 完成） • 拉花技巧（奶泡厚度 3mm，图案对称性） • 冷饮装饰（吸管斜插 45°，柠檬片点缀） 软饮料服务： • 现调饮品分层（如草莓汁＋苏打水） • 瓶装饮品开瓶（避免气泡溢出）
	3. 服务提供	• 根据宾客所点酒水进行顺时针服务，服务过程中先女士后男士；先宾客后主人 • 在宾客均品尝饮品后，应上前进行宾客对酒水满意度的询问 • 及时进行续杯和续水服务，续杯和续水前征询宾客意见

三、酒水服务专业术语

（一）酒精饮品服务专业术语

酒精饮品服务专业术语是酒水服务领域的标准化语言体系，涵盖酒水分类、服务方式、调制技巧及杯具装饰等核心内容。

服务方式方面，纯饮指直接饮用未经稀释的烈酒，加冰饮用需搭配冰块降低酒精浓度并延长饮用时间。短饮酒精浓度高且需快速饮用，长饮则以果汁或汽水稀释，适合长时间品饮。调制技巧中，摇和法用于含果汁或乳制品的混合饮品，分层法通过密度差异创造视觉层次，而醒酒则针对红葡萄酒释放香气。

杯具装饰术语包含雪花边，即用糖或盐修饰杯口；珊瑚风格则通过糖浆与砂糖打造圆柱状杯边装饰。此外，服务中需精准掌握专业指令，如"Stir"（搅拌）与"Shake"（摇匀）的区别，以及"Chill the glass"（冰杯）等操作规范。

这些术语不仅是服务流程的标准化表达，也是赛事考核中语言准确性与专业性的重要评判依据（见表2-4-7）。

表2-4-7　含酒精酒水专业术语对照表

中文术语	英文术语	定义/使用场景
葡萄品种	Grape Variety	酿酒葡萄种类（如赤霞珠、霞多丽）
年份	Vintage	葡萄采摘年份（影响风味与价值）
产区	Region	葡萄酒生产地理区域（如法国波尔多、美国纳帕谷）
酒体	Body	酒液在口中的重量感（从轻至重：Light to Full-bodied）
单宁	Tannin	红葡萄酒中的天然涩味物质（来自葡萄皮与橡木桶）
醒酒	Decant	将葡萄酒倒入醒酒器以释放香气（需控制时间）
适饮温度	Serving Temperature	最佳饮用温度（红葡萄酒16~18℃，白葡萄酒8~10℃）
冰桶预冷	Ice Bucket Chilling	用冰桶冷藏酒水（如白葡萄酒服务前降温）
斟酒	Wine Service	按规范姿势倒酒（主宾优先，分量1/3杯）
基酒	Base Spirit	鸡尾酒主体酒精（如伏特加、朗姆酒）
辅料	Mixer	非酒精添加物（如果汁、糖浆、苦精）
装饰物	Garnish	杯口或酒面装饰（如柠檬角、薄荷叶、橄榄）
摇和法	Shaking	用摇酒壶混合原料（含果汁/乳制品的鸡尾酒）
调和法	Stirring	用吧勺缓慢混合（纯酒精类鸡尾酒）
分层法	Layered	利用密度差异制作分层效果（如彩虹鸡尾酒）
冰杯	Chilled Glass	将杯具冷藏至0~4℃（如马提尼杯预冷）
限时操作	Timed Performance	按赛事规定时间完成调制（如≤1min30s）
盲品	Blind Tasting	蒙眼辨别酒水类型与特性（赛事考核环节）
蒸馏酒	Distilled Spirit	通过蒸馏工艺制成的高酒精度饮品（如威士忌、伏特加）
纯饮	Neat	直接饮用未经稀释的烈酒（如威士忌纯饮）
加冰饮用	On the Rocks	加冰块稀释饮用（如伏特加加冰）

续表

中文术语	英文术语	定义 / 使用场景
混合饮用	Mixed Drink	与软饮 / 果汁混合（如朗姆可乐）
单一麦芽威士忌	Single Malt Whisky	由单一蒸馏厂生产的纯麦芽威士忌（如麦卡伦）
龙舌兰陈酿	Reposado Tequila	在橡木桶中陈酿 2~12 个月的龙舌兰酒
金酒	Gin	以杜松子为主要香料的烈酒（如孟买蓝宝石）
冰夹	Ice Tongs	夹取冰块的工具（需避免接触杯口）
量杯	Jigger	精确测量酒液的工具（标准容量 1.5 盎司 / 45mL）

（二）无酒精饮品服务专业术语

无酒精饮品服务专业术语是餐饮服务领域的标准化语言体系，涵盖饮品分类、服务流程、操作技巧及原料处理等核心内容（见表 2-4-8）。

表 2-4-8　无酒精酒水专业术语对照表

中文术语	英文术语	定义 / 使用场景
咖啡豆处理法	Coffee Bean Processing	生豆加工方法（如日晒法、水洗法、蜜处理）
烘焙度	Roast Level	咖啡豆烘焙程度（浅烘、中烘、深烘）
现磨咖啡	Freshly Ground Coffee	使用新鲜烘焙咖啡豆研磨冲泡的咖啡
萃取	Extraction	通过压力提取咖啡液（如意式浓缩萃取）
拉花	Latte Art	在热牛奶表面制作图案（如心形、树叶形）
奶泡	Froth	蒸汽牛奶产生的泡沫（厚度 3~5mm）
冰咖啡	Iced Coffee	冷藏或加冰的咖啡饮品（如美式冰咖啡）
咖啡萃取率	Coffee Extraction Rate	咖啡粉中可溶物质的提取比例（目标 18%~22%）
水温控制	Water Temperature Control	冲泡水温调节（如手冲咖啡 92~96℃）
茶叶发酵度	Tea Fermentation Level	茶叶氧化程度（如绿茶 0%、红茶 100%）
茶具	Tea Ware	冲泡工具（紫砂壶、盖碗、玻璃公道杯）
温杯	Cup Preheating	用热水预热杯具（如冲泡乌龙茶前温杯）

中文术语	英文术语	定义 / 使用场景
投茶量	Tea Leaf Quantity	茶叶与水的比例（如绿茶 1：50，普洱茶 1：20）
出汤时间	Steeping Time	茶叶浸泡时间（如绿茶 1~2mins，老白茶 3~5mins）
回甘	Aftertaste	茶汤咽下后口腔产生的甜味（优质茶特征）
冷泡茶	Cold Brew Tea	冷水长时间浸泡的茶（8~12h，口感更柔和）
茶漏	Tea Strainer	过滤茶渣的器具（如不锈钢网筛）
碳酸饮料	Carbonated Beverage	含二氧化碳气泡的软饮（如可乐、苏打水）
现榨果汁	Freshly Squeezed Juice	使用新鲜水果压榨的果汁（如橙汁、柠檬汁）
浓缩果汁	Concentrated Juice	去除水分的果汁（需稀释后饮用）
糖浆	Syrup	高浓度甜味剂（如简单糖浆、风味糖浆）
分层饮品	Layered Beverage	利用密度差异制作层次（如草莓汁＋苏打水）
防腐剂	Preservative	延长保质期的添加剂（如苯甲酸钠）
无麸质饮品	Gluten-Free Beverage	不含麸质成分的饮品（适合麸质过敏人群）
能量饮料	Energy Drink	含咖啡因、牛磺酸等提神成分的饮品
天然矿泉水	Natural Mineral Water	地下深层水，含天然矿物质（如钙、镁、偏硅酸）
矿物质水	Mineral Water	人工添加矿物质的饮用水（如超市瓶装水）
水源地	Water Source	矿泉水采集地（如火山岩、冰川融水）
TDS 值	Total Dissolved Solids	水中溶解总固体量（单位：mg/L）
冰镇矿泉水	Chilled Mineral Water	冷藏至 4~8℃的矿泉水（提升口感）
气泡矿泉水	Sparkling Mineral Water	天然含二氧化碳的矿泉水（如巴黎水 Perrier）
瓶装水标准	Bottled Water Standard	生产规范（如 ISO 22000.GB 19298 食品安全国家标准）

服务流程方面，温杯是用热水预热杯具的操作，确保茶汤温度稳定；萃取指通过压力提取咖啡液，如意式浓缩的 9bar 压力萃取。拉花为热牛奶表面的图案创作，需控制奶泡厚度与流速；冰杯则通过冷藏杯具至 0~4℃提升冷饮口感。操作技巧中，分层饮品利用密度差异制作视觉层次，如草莓汁与苏打水的

组合；虹吸壶通过真空原理实现精准咖啡萃取。

原料处理术语包含现榨果汁，需使用新鲜水果压榨；无糖糖浆采用代糖替代传统蔗糖。赛事考核中，茶汤浓度要求严格控制茶叶与水的比例（如红茶1：50），咖啡萃取率则需达到 18%~22% 的理想范围。这些术语不仅是服务流程的标准化表达，更是赛事评分中操作规范性与专业度的重要评判依据。

→ **实训实施**

一、酒水服务礼仪

（一）实训要求（见表 2-4-9）

表 2-4-9　酒水服务礼仪模拟实训要求

实训场景	酒吧实训室
实训准备	酒水服务规范与标准
角色扮演	2 名同学一组进行酒水服务模拟实训
实训规则与要求	• 同组 2 名同学根据酒水服务规范与标准进行模拟实训 • 当 1 名同学进行实训时，其余同学根据该名同学的实训操作进行评估，并记录其操作不当环节 • 当同组同学全部操作完毕后，先进行自我评价，然后进行小组内互评，最后由授课老师根据各个小组的操作记录进行最终评价
模拟实训评分表	如表 2-4-10 所示

（二）实训考核

表 2-4-10　酒水服务礼仪模拟实训评分

评分项目	评分标准	分值	得分
仪容仪表	• 制服整洁挺括，领结 / 围裙佩戴规范 • 发型符合标准（男士前不遮眉，女士盘发） • 手部清洁无饰品，指甲长度 ≤ 1mm	10	
服务姿态	• 站立时双脚呈 V 形步，双手自然下垂 • 行走时托盘平稳（重托不超 5kg，轻托不超 2kg） • 鞠躬角度规范（迎宾 30°，致歉 45°）	10	

评分项目	评分标准	分值	得分
服务语言	• 双语问候（中英文）规范（如 Good evening，welcome to our bar!） • 使用礼貌用语（"请""谢谢""打扰一下"） • 送别语完整（如"感谢光临，期待下次见面"）	15	
酒水服务流程	• 备酒环节规范（检查酒水保质期、外观，准备对应杯具） • 开瓶流程标准（无杂声，葡萄酒醒酒操作正确） • 斟酒顺序正确（先宾后主，先白后红）	20	
操作规范	• 葡萄酒杯倒酒至 1/3 处，香槟杯沿壁缓注，泡沫不溢出 • 调酒器具使用规范（摇酒壶、量杯操作标准） • 咖啡 / 茶服务配备奶盅、糖罐符合标准	10	
对客沟通技巧	• 主动介绍酒水特色（中英文，如产区、风味） • 倾听需求时身体前倾 15°，适时记录 • 处理酒水投诉先致歉后解决，2mins 内响应	15	
应急处理	• 酒水洒漏及时清洁，向客人致歉并更换杯具 • 遇酒水质量问题应及时退换，赠送小食补偿 • 设备故障（如咖啡机失灵）5mins 内解决	10	
服务细节把控	• 及时更换杯具（根据酒水类型更换） • 主动添加酒水（杯量低于 1/3 时续斟） • 离场时整理桌面，复位座椅	10	
创新设计	• 个性化服务设计（如根据客人偏好推荐特调） • 特色语言表达（用地方方言介绍特色酒款）	10	
总分		100	
教师评价：			

项目三
赛事技能水平提升

任务 1　前厅服务技能水平提升

学习目标

1. 了解酒店前厅预订服务、礼宾服务、接待服务及总机服务的相关知识。

2. 掌握酒店前厅接待的工作流程与具体方法，能够完成酒店前厅对客服务。

知识准备

一、预订服务

（一）预订类型

酒店在处理客人的订房时，一般分为临时类预订、确认类预订、保证类预订及等待类预订。

1. 临时类预订

临时类预订是指客人在临近入住时才联系酒店订房。通常订房日期与抵店日期接近，甚至可能在当天才订房。时间允许且房源充足时，酒店可通过短信确认预订。

2. 确认类预订

确认类预订是指酒店已接受客人的订房要求，并就房价、付款方式、取消条款等达成协议，以书面、邮件或短信形式确认的预订。此类预订一般不要求预付定金，但客人需在预计抵店当天规定时间内到达。若客人超时不到且联系不上，在酒店满房时可将房间转售他人。

3. 保证类预订

保证类预订是指客人通过信用卡、预付定金或订立合同等方式确保酒店收入的预订。此类预订可避免因客人未到或临时取消导致客房空置的经济损失。

4. 等待类预订

当客房或某一房型已满，但客人仍有预订需求时，酒店会将其列入等候名单（waiting list）。若有取消或提前退房的情况，酒店将按顺序通知等待的客人。登记时需记录客人姓名及联系方式以便联系。

（二）预订流程与标准

客房预订分为预订准备、预订受理、预订确认以及预订变更或取消等步骤，规范正确地进行客房预订是确保前厅服务质量和顾客满意的重要内容（见表3-1-1）。

表3-1-1　客房预订流程与标准

步骤	标准	提示
1.预订准备	• 查阅上一班次预订记录，明确待处理事项（如优先等待名单），并整理后备预订 • 确保电脑设备正常，预订单、表格等资料齐全且摆放规范	• 预订员需清楚可订房型及时间，确保信息准确 • 包括客人姓名、人数、国籍、抵店日期及时间、交通信息、房型与数量、价格、付款方式、联系人信息及特殊要求
2.预订受理	• 确认预订期内是否有符合客人需求的房间，决定是否接受申请 • 逐项填写预订单，并向订房人核对关键信息	客房预订单一般包括的主要内容有：客人姓名、人数、国籍、抵离店日期及时间、车次或航班、所需客房种类和数量、价格、付款方式、预订人姓名、单位及地址、电话号码、特殊要求等信息

步骤	标准	提示
3. 预订确认	及时发送确认书，明确订房要求、房价、付款方式及变更/取消政策。告知最晚抵店时间，说明预付定金规定	无论通过何种方式订房，均需书面确认（传真或邮件）
4. 预订变更或取消	• 变更订单：填写变更单并修改原始记录 • 取消订单：保持礼貌高效的服务，维护酒店形象	重视客人变更或取消需求，及时跟进处理

二、礼宾服务

（一）礼宾柜台物品摆放

柜台文件夹及设施设备需按标准摆放，确保整齐、美观、安全且取用方便。电话摆放要求两部电话置于显示器两侧，右侧电话旁放便笺纸，左侧电话旁放打印机和留言单。设备摆放要求柜台最左侧放机票打印机和传真机，最右侧放交班本及单据。宣传资料要求宣传架上的酒店资料应保持整洁，无污损、无折痕。

（二）行李车摆放与使用

一般情况仅放置一辆大车供宾客入住使用，其余车辆存放于行李房，用于离店及会议团物品运送。行李车摆放要整齐，保持清洁。

（三）公共区域指引

当宾客从正前方过来时，在距宾客 7m 的范围内要进行目光交流，5m 范围内要微笑，3m 范围内要打招呼。

（四）内线电话接听

铃响 3 声内接听，清晰问候："您好，礼宾部！"若超时接听，应先致歉："抱歉，让您久等了"（或英文对应表达），再报部门名称。需对方等待时，说"请稍等"并启用 HOLDLINE 功能。若等待超 30s，应再次致歉并说明进度。

（五）礼宾门岗服务

保持微笑，精神饱满，避免夸张的表情。双眼平视，头微仰，挺胸收腹；双手背后，左手握右手背；双脚与肩同宽，不倚靠、不做小动作。

为乘车宾客开关车门，使用标准迎送用语。送离店宾客时，目送车辆离开并行摆手礼，待车驶离后方可返回岗位。

三、接待服务

接待服务是酒店前厅部的重要工作内容，通常根据宾客类型提供不同的接待服务。

（一）散客接待

1. 散客类型

酒店散客是酒店客房收入的重要来源之一。做好稳定的散客市场在提高酒店口碑及线上满意度方面具有重大意义。酒店散客按其住店需求与构成来划分，大致可分为家庭型、情侣型、团体型、熟客型、临时商务型几种类型（见表3-1-2）。

表 3-1-2　散客类型

名称	特点	提示
家庭型	• 以一家三口为主，注重经济实惠 • 价格敏感度高，适合推荐普通经济型客房	可赠送早餐（女性宾客对此较感兴趣）
情侣型	• 重视房间设计和入住体验，适合推荐大床房 • 对早餐需求较低	可提供饮品、甜点等增值服务
团体型	人数通常为5~6人，适合推荐套房或多间双床房	确保房间娱乐设施完善，补充酒水、零食等休闲产品以满足需求
熟客型	多为固定散客，无协议约束，可随时入住	提供房价优惠或赠品活动，增强宾客忠诚度
临时商务型	• 未签订长期协议的商务宾客，需争取转化为长期客户 • 价格是主要考虑因素	提供安静的环境，提供及时商务服务（如打印、车辆安排等），创造良好的第一印象

2. 散客接待流程与标准（见表 3-1-3）

表 3-1-3　散客接待流程与标准

步骤	标准	提示
1. 问候宾客	主动微笑问候，询问宾客姓氏并礼貌称呼。5m 内点头示意，3m 内开口问候	若需宾客等待，应致歉说明
2. 确订预定情况	询问是否有预订。语气亲切，避免引起误会	保持柔和热情的沟通态度
3. 接受宾客的预订要求	• 未预订散宾客住： （1）确认入住需求：天数、房型、人数、预算 （2）查询房态，决定是否接受 （3）针对性地推荐房型，介绍优势 （4）确认安排房间 • 有预订散宾客住： （1）核对预订信息 （2）进行二次销售推荐 （3）按预订办理入住	• 全程保持微笑 • 通过沟通收集宾客信息，提升满意度 • 注意服务效率和质量
4. 登记入住	• 双手接收有效证件 • 安排房间，制作房卡 • 请宾客签名确认	• 提醒贵重物品寄存 • 介绍酒店设施
5. 确认付款	• 询问并确认付款方式 • 收取押金，出具收据 • 信用卡需核对信息并录入系统	• 详细解释押金政策 • 准确记录信用卡信息
6. 送客服务	• 指引房间方向 • 祝愿入住愉快	• 提供贴心指引
7. 后续处理	• 及时更新房态 • 完整录入宾客资料 • 备注操作人员信息	• 仔细检查录入信息 • 确保系统记录准确

（二）团队接待

1. 团队类型

酒店行业中，狭义的团队宾客一般指由旅行社或旅游中介机构将购买旅游项目 10 名以上（含 10 名）游客组成的旅游团队，但是广义上讲，酒店行业中团队宾客的分类较多，一般分为旅行社团队、临时团队、公司（政府单位）团队、零散团队等。

2. 团队接待流程与标准（见表 3-1-4）

表 3-1-4　团队接待流程与标准

步骤	标准	提示
1. 准备工作	• 房务准备：根据接待单核对用房、用餐需求。提前完成预排房并系统锁定。按序号分配房间，准备团队登记表 • 物料准备：准备房卡、欢迎卡、餐券等。装入专用信封分类存放。准备充足的宣传资料 • 部门协调：提前 24hs 通知餐饮部安排用餐。与礼宾部确认行李服务流程。与销售部确认团队的特殊需求	• 房务准备：确保信息准确无误。保留适量备用房 • 物料准备：检查物料完整性。按团队人数多备 10% • 部门协调：重要事项书面确认。预留紧急联系人
2. 办理入住	• 迎接团队：销售 + 前台人员共同迎接。引导至专用登记区域。5m 微笑示意，3m 主动问候 • 手续办理：核对领队信息及证件。确认房数、人数、特殊需求。双方签字确认明细单。协助分发房卡及指引	• 迎接团队：保持服务通道畅通。准备欢迎饮品（视情况） • 手续办理：安排专人维持秩序。准备应急备用房卡
3. 信息整理	即时更新房态系统。10mins 内将房号表送行李部	使用三联单确保信息一致。设置系统提醒节点
4. 住店服务	• 行李服务：建立行李交接登记表。实行"三核对"制度（房号 / 姓名 / 数量） • 餐饮服务：每餐前 2hs 确认人数。设置团队专用通道。准备临时加餐预案 • 财务管理：建立团队专用账户。额外消费即时入账。每日生成消费明细	• 行李服务：贵重物品单独登记。拍照留存特殊行李 • 餐饮服务：明确收费项目标识。配备多语种菜单 • 提前说明结算方式。设置消费额度提醒

（三）VIP 接待

1. VIP 定义

VIP，全称 Very Important Person，在酒店中意为"非常重要的宾客"。VIP 宾客是酒店给予在政治、经济以及社会各领域有一定成就、影响和号召力的人士的荣誉，是酒店提供最高标准接待规格的服务对象。

2. VIP 接待流程与标准（见表 3-1-5）

表 3-1-5　VIP 接待流程与标准

步骤	标准	提示
1. 接待准备	• 填写 VIP 通知单，上报总经理审批并签字 • 挑选最优房间 • 提前制作好房卡交至大堂经理 • 了解 VIP 宾客的到达时间，做好迎接准备 • 通知各部门 VIP 宾客的行程安排，方便其他部门做好相关准备	• 在 VIP 宾客入住前，再次检查房间、水果、房卡等相关设施设备有无出错 • 酒店礼宾部需提前预留车位，安排行李车，如宾客等级较高，还需做好一定的安保措施
2. 办理入住	• 酒店相关经理需提前站位，欢迎 VIP 宾客，并采用尊称 • 陪同 VIP 宾客办理入住，期间可向 VIP 宾客介绍酒店设备及文化 • 亲自将宾客送至房间	入住迎接需根据 VIP 宾客的等级安排相应的接待标准
3. 信息整理	• 复核 VIP 宾客的资料，并准确输入电脑 • 在电脑中注明"VIP"及相关等级，并通知其他各部门或人员注意 • 为 VIP 宾客建立客史档案，并注明身份和等级，以备查询	注意对 VIP 宾客隐私的保护，确保其信息不外泄
4. 住店服务	• 安排专业的房务管家提供专门服务 • 根据 VIP 的情况，客房内一定要保持卫生清洁、设施设备检查、物件补充等	所有涉及 VIP 服务的相关部门员工需熟悉 VIP 的姓氏、职务、习惯等相关信息

四、总机服务

1. 总机业务介绍

总机在酒店内部提供多样化服务，有电话转接、代客留言、叫醒服务、回答问询及信息查询、电话免打扰、店内传呼、应急指挥等（见表 3-1-6）。

表 3-1-6　总机业务介绍

项目	内容
电话转接	• 熟记常用号码及酒店组织架构 • 及时更新住客资料 • 识别住客及员工的声音特征
代客留言	• 主动询问是否需要留言 • 区分语音、文本留言 • 客房留言：直接转至房间话机 • 员工留言：记录后通过寻呼系统转达
叫醒服务	• 人工与自动双系统并行 • 实行"三核对"制度（房号、时间、姓名） • 设置 10mins 二次确认机制
信息服务	• 话务员必须对酒店内外一般的信息资料有所了解
电话免打扰	• 话务员记录客人姓名、房号及时间。锁住所有需要免打扰的房间电话 • 交接班时写在记事板上 • 客人要求解除"电话免打扰"时，话务员应立即解锁、记录时间
应急指挥	当酒店发生火灾、水灾、伤亡事故、恶性刑事案件等紧急情况时，总机应成为酒店管理人员采取相应措施的指挥协调中心

🠦 **实训实施**

（一）预订服务

1. 实训要求（见表 3-1-7）

表 3-1-7　电话预订实训要求

实训场景	前厅实训室，模拟电话预订全流程（接听电话→记录要求→推销客房→接受预订→复述确认→完成预订）
实训准备	工具：电话预订标准流程文档、预订记录本

续表

角色扮演 （场景设置）	• 员工：Jack（前厅部值班员工） 日期：9 月 1 日 预订详情： • 客人：盖先生（蜜月旅行） • 房型：行政套房（海景房，1000 元／晚） • 日期：9 月 2 日（房源紧张） • 预订类型：保证类预订（信用卡担保） • 信用卡：中国银行（卡号：12345，有效期至 2035/10/01） • 联系方式：电话 138***********，确认号：No.123 • 酒店信息：电话 122-83****，付款方式：前台现付
实训规则与要求	• 分组练习：2 人一组，按标准流程模拟操作 • 互评机制： • 1 人操作时，其他成员记录操作失误 • 完成后先自评，再小组互评，最终由教师总评
模拟实训评分表	如表 3-1-8 所示

2. 实训考核

表 3-1-8　电话预订实训评分

评分项目	评分标准	分值	得分
接听电话	铃响三声之内，拿起话筒，报部门、问候客人	15	
记录订房要求	• 了解客人的订房姓名、人数、日期、客房类型等 • 询问客人是否为会员，询问客人住店目的 • 查看房态，确定是否有适合客人的房间类型，做好推销 • 如果客人满意房间类型和价格，做好接受预订登记	15	
推销客房	• 介绍房间的种类和价格、房间的设备优势和景色优势，对不同价格的客房进行有效对比 • 采取适当的报价方式吸引客人做预订，如"三明治"式报价、"鱼尾式"报价、"冲击式"式报价	15	
接受预订	• 客人同意预订时，询问客人是否需要做保证类预订 • 询问付款方式 • 询问是否对房间有特殊要求、是否需要接车服务等 • 获取客人的联系电话	15	

评分项目	评分标准	分值	得分
复述预订	复述客人的订房要求,包括客人姓名、人数、预订日期、房间类型及数量、房间价格、特殊要求、接车服务要求(必须明确具体的班次)、信用卡号码(如果是保证类预订)等,请客人核对	20	
完成预订	•感谢客人的预订,并表示恭候客人的入住 •待客人放下电话后再挂电话 •填写预订确认函后发邮件给客人	10	
综合表现	•服务过程中,有三次以上用姓氏称呼客人 •操作娴熟,服务亲切热情 •推荐职业,具备良好的职业素养 •精神饱满,仪表仪容符合规范	10	
总分		100	
教师评价:			

(二)礼宾服务

1. 实训要求(见表 3-1-9)

表 3-1-9　礼宾服务实训要求

实训场景	前厅实训室,模拟礼宾服务
实训准备	行李服务流程与表注、记录本、笔等服务工具
角色扮演	3 名同学一组进行模拟实训,每次实训 1 名同学扮演礼宾员、1 名同学扮演宾客、另 1 名同学进行视频拍摄
实训规则与要求	每位同学完成一次礼宾服务处理,并拍成视频,同学们进行互评
模拟实训评分表	如表 3-1-10 所示

2. 实训考核

表 3-1-10 礼宾服务实训评分

评分项目	评分标准	分值	得分
迎送服务	宾客抵达时主动微笑问候，使用标准用语（如"您好，欢迎光临！"）并鞠躬	10	
	主动伸手引导方向，途中简要介绍酒店设施（如"这边请，前台在左侧，您可以在办理入住后体验我们的健身房"）	10	
	双手递还证件/发票，鞠躬并清晰表达"感谢入住，祝您旅途愉快！"	10	
	主动询问是否需要协助（如叫车、寄存行李），5mins内完成安排	10	
散客行李搬运服务	• 主动迎接并协助搬运行李 • 核对行李件数并与宾客确认	10	
	• 轻拿轻放，规范使用行李车，搬运时间 ≤ 3mins	10	
	• 送至房间后再次核对行李件数 • 主动询问是否需其他帮助	10	
团队行李搬运服务	• 提前与领队确认团队分房表 • 行李牌标记清晰（房号＋姓名）	10	
	团队抵达后30mins内完成所有行李的分送	10	
	将行李送至房间后，与领队签字确认	10	
总分		100	
教师评价：			

（三）接待服务

1. 实训要求（见表 3-1-11）

表 3-1-11　散客接待实训要求

实训场景	前厅实训室，模拟散客接待
实训准备	散客接待操作流程与标准、电脑、入住登记表、预订登记表、钥匙、房卡、笔、打印机、有效证件、信用卡刷卡机等工具
角色扮演	2 名同学一组进行散客接待模拟实训
实训规则与要求	每位同学完成一次散客接待，并进行互评
模拟实训评分表	如表 3-1-12 所示

2. 实训考核

表 3-1-12　散客接待实训评分

评分项目	评分标准	分值	得分
问候宾客	主动微笑问候，使用标准礼貌用语（如"你好，欢迎光临！"），态度热情自然	10	
询问宾客是否有预订	宾客抵达后主动询问"请问你有预订吗？"并准确记录信息	10	
接受宾客的预订要求	• 准确记录姓名、人数、入住 / 离店日期、房型、特殊需求（如无烟房、加床） • 复述信息并确认无误后，提供预订号并礼貌结束对话 • 处理时间 ≤ 3mins	25	
办理登记入住	• 核对证件无误后，快速录入系统（≤ 2mins） • 主动告知房号、早餐时间、Wi-Fi 密码等 • 双手递房卡并指引方向	10	
确认付款方式	• 清晰说明押金金额、支付方式（现金 / 信用卡），主动提供发票或收据 • 刷卡 / 扫码操作规范 • 全程 ≤ 2mins	15	
从宾客进房间	• 主动引领宾客至房间，途中介绍设施（电梯、餐厅位置），询问是否需要帮助 • 离开前告知紧急联系方式	10	

评分项目	评分标准	分值	得分
更改房态	• 入住后立即更新系统房态（如"已入住"），核对房号与入住信息一致 • 同步通知清洁部 / 客服部	10	
系统输入相关信息	• 所有信息（姓名、证件号、房型、付款方式）准确无误，录入时间 ≤ 3mins • 备注特殊需求（如生日、忌口）	10	
总分		100	
教师评价：			

（四）总机服务

1. 实训要求（见表 3-1-13）

表 3-1-13　总机服务实训要求

实训场景	实训室，模拟叫醒服务全流程（准备→问候→记录→输入→核查→执行→确认）
实训准备	工具：叫醒服务记录表、电话设备、计算机叫醒系统
角色扮演	• 岗位：总机话务员（Jack） • 时间：4 月 15 日 24：00 • 服务对象：818 房张先生 • 要求：次日 8：00 叫醒服务 • 执行：系统记录需求 • 8：00 准时电话叫醒 • 实施二次确认 • 安排客房服务员上门确认
实训规则与要求	分组练习：2 人 / 组，按标准流程模拟 评估流程：操作时组员记录失误。完成后自评→互评→教师终评
模拟实训评分表	如表 3-1-14 所示

2. 实训考核（见表 3-1-14）

表 3-1-14　总机服务实训评分

评分项目	评分标准	分值	得分
电话接听	铃响三声之内，拿起话筒，报部门、问候客人	5	
记录叫醒服务信息	• 询问客人房间号、姓名、叫醒时间等相关信息 • 填写叫醒服务记录表	20	
录入计算机叫醒系统	• 根据叫醒服务记录表内容，准确快速地录入计算机叫醒系统，并仔细核对确保无误 • 夜班人员核对当天所有的叫醒服务信息，确保准确	20	
提供叫醒服务	• 按准确的时间拨打客房座机，运用规范的语言叫醒客人 • 关注客人状态，适时提供二次叫醒服务 • 快速处理叫醒失败问题，联系客房部员工上门叫醒 • 高峰期时按需使用自动叫醒系统	35	
综合表现	• 礼貌用语，用词规范 • 系统操作娴熟，服务亲切热情 • 语言表达能力强，语气、语调、音色均合适 • 较强的应变能力	20	
总分		100	
教师评价：			

任务 2　客房服务技能水平提升

学习目标

1. 了解客房清扫的顺序与要求，掌握客房清洁的标准与流程。

2. 了解中式铺床的训练要点，掌握中式铺床的操作流程与步骤。

3. 了解夜床服务的主要内容，掌握夜床服务的流程与标准。

知识准备

一、客房清扫顺序与要求

（一）酒店常见客房房态（见表 3-2-1）

表 3-2-1　房态名称

房态名称	房态简称	房态名称	房态简称
净住房	OCC	净空房	VC
退房	VD	脏住房	0D
预到房	EXP	维修房	OOO
请勿打扰	DND	请立即打扫	MUR

（二）客房清扫顺序

客房服务员在清扫客房时，要考虑两方面的问题：一要满足客人的需要；二要加快客房的周转。旅游旺季客房出租率比较高，房间供不应求，清扫顺序如下：总台急需房—空房—走客房—请即打扫房—贵宾房—普通住客房—待修房。旅游淡季客房出租率不高，房间需求量不大，应尽量先考虑满足客人的特殊需求，清扫顺序如下：请即打扫房—空房—贵宾房—走客房—普通住客房—待修房。

（三）客房清扫要求

不同状态的客房清扫整理要求不尽相同，具体见表 3-2-2。

表 3-2-2　不同状态客房清扫整理要求

客房状态	清扫整理要求	说明
空房、保留房、待修房	简单清洁	空房、保留房等房间因前一天没有客人住，只需进行简单的清洁整理，一般只进行吸尘、擦拭灰尘、放掉水龙头积存的陈水等工作。待修房在待修期间，做简单整理，修好恢复出租前，需彻底清扫
住客房、长包房	一般清扫	清洁整理客房卧室和卫生间，补充客用物品
走客房	彻底清扫	房间需要彻底清扫整理
贵宾房	临时性的简单整理	整理客人动用过的床铺和卫生间，必要时补充肥皂、火柴等客用消耗品。其目的是恢复客房的原状，保持客房的良好状态。贵宾房通常提供此项服务
当日预期离店房	简单整理彻底清扫	如客人没有特别需求，一般待客人退房后再彻底清扫

二、客房清扫整理

（一）住客房清扫流程与标准（见表 3-2-3）

表 3-2-3　住客房清扫流程与标准

步骤	标准	提示
1. 准备工作	• 做好清扫准备工作 • 了解、核实、分析房态	做好清扫准备工作，注意清扫顺序
2. 进入房间	• 具体操作方法见：进入客房程序和标准 • 进房确认无人后，将"正在清洁"牌挂在门把手上 • 将房务工作车停放在客房门口，挡住房门	通报身份时表情自然，语速、音量适中，仪态大方；开门进房时，推门动作轻缓
3. 调整空调开关	查看空调是否正常工作，温度调至规定度数，然后关上开关	空调正常工作
4. 拉开窗帘，打开窗户、换气扇	• 拉开窗帘，检查是否有脱钩或损坏现象，关上不必要的灯 • 打开窗户及换气扇进行通风	检查仔细、全面；保持客房空气清新

步骤	标准	提示
5. 收拾垃圾、整理器皿	• 收拾垃圾：按顺时针或逆时针方向走一圈，清理垃圾 • 整理器皿：清理客人用过的餐具，放在指定地点并及时通知房务中心收取 • 若发现客人已填好洗衣单，则将客人要洗的衣服放置洗衣袋内，并及时电话通知房务中心收取客衣	地面无垃圾，烟灰缸和垃圾桶内无垃圾，并保持干净、整洁
6. 整理床铺	按照铺床（一般为中式铺床）的规格要求，将床上的用品更换整理	• 床上物品（床单、被套、枕套等）表面无污迹和破损，整理好的床铺平整 • 美观，使用方便，符合酒店标准
7. 客房除尘、检查设备	• 按顺时针或逆时针方向从房门依次进行除尘 • 对家具、设备等进行擦拭、抹尘	除尘动作规范、敏捷，检查不漏项；保持客房家具、设备无损坏、功能正常、使用安全；各项设备处于酒店规定状态
8. 清洁卫生间	卫生间清扫整理	需达到酒店规定的清洁标准
9. 更换茶具	• 撤换茶水具、凉开水具时要使用托盘 • 拿取茶具时避免垫碟掉落损坏 • 摆放水杯和口杯时，手指要拿杯子底部，杯口朝上，并套上"已消毒"纸袋	更换茶具时讲究卫生、动作规范；仔细检查，确保无破损；位置摆放准确
10. 增补用品	将房间里短缺的消耗用品、文具用品等按规定的数量、种类配齐	按照酒店规定，补充客房内用品
11. 客房吸尘	• 卫生间吸尘：用吸尘器拖把功能进行吸尘，注意有水的地方不吸尘，用抹布抹干净 • 卧室地毯吸尘：顺着纹路由里向外吸尘，主要吸房间地面及软垫家具；注意要将房间内的边角处吸干净	保持卫生间、客房干净、整洁，无卫生死角
12. 调整窗帘	根据客房使用情况，调整窗帘。拉拢合缝，保持自然下垂；褶皱自然整齐，无脱钩。注意检查窗帘的清洁情况	窗帘经调整后，客房通顺畅，窗户采光不受遮挡

续表

步骤	标准	提示
13.巡视房间	• 检查卫生状况及空气质量，评估卫生间用品的配备情况 • 站在客房门口对房间各处巡视一遍，确认是否有遗漏之处	卫生和空气质量达到标准，用品配备齐全、摆放规范；无遗漏和不符合规范之处
14.离开房间	• 撤离所有清洁用具，并清点 • 如客人在房间，要向客人致以谢意，再转身离开房间，轻轻将房门关上 • 填写"客房清扫工作报表"	确保清洁工具不遗漏在房间里；按服务规范离开房间

（二）走客房清扫流程与标准（见表3-2-4）

表3-2-4　走客房清扫流程与标准

步骤	标准	提示
1.准备工作	• 做好清扫准备工作 • 了解、核实、分析房态	规范做好清扫准备工作，根据房态确定清扫顺序
2.进入房间	• 进房确认无人后，将"正在清洁"牌挂在门把手上 • 将房务工作车停放在客房门口，挡住房门	通报身份时表情自然，语速、音量适中，仪态大方；开门进房时，推门动作轻缓
3.调整空调开关	查看空调是否正常工作，温度调至规定度数，然后关上开关	空调正常工作
4.拉开窗帘，打开窗户、换气扇	• 拉开窗帘，检查是否有脱钩或损坏现象，关上不必要的灯 • 打开窗户及换气扇进行通风	检查仔细、全面；保持客房空气清新
5.收拾垃圾、整理器皿	• 收拾垃圾：按顺时针或逆时针方向走一圈，清理垃圾 • 整理器皿：清理客人用过的餐具，放在指定地点并及时通知房务中心收取 • 若发现客人已填好洗衣单，则将客人要洗的衣服放置洗衣袋内，并及时电话通知房务中心收取客衣	地面无垃圾，烟灰缸和垃圾桶内无垃圾，并保持干净、整洁

续表

步骤	标准	提示
6. 撤床、铺床	• 双手执枕头套角，将枕芯抖出 • 一手执被套，一手拿住被子，将被子从被套中抽出 • 将床单四个角拉出，撤下床单，注意检查床垫是否干净 • 将撤下的脏布草放入房务工作车的布草袋中 • 按照铺床的规格要求，将床上的用品更换整理	• 注意检查有无夹带客人的物品，检查枕芯是否干净，随脏随洗 • 床上物品表面无污迹和破损，整理好的床铺平整、美观
7. 客房除尘、检查设备	• 按顺时针或逆时针方向从房门依次进行除尘 • 对家具、设备等进行擦拭、抹尘	除尘动作规范、敏捷，检查不漏项；保持客房家具、设备无损坏、功能正常、使用安全；各项设备处于酒店规定状态
8. 清洁卫生间	卫生间清扫整理	需达到酒店规定的清洁标准
9. 更换茶具	• 撤换茶具时要使用托盘 • 拿取茶具时避免垫碟掉落损坏 • 摆放水杯和口杯时，手指要拿杯子底部，杯口朝上，并套上"已消毒"纸袋	更换杯具时注意讲究卫生，动作规范；更换的物品要仔细检查，确保无破损；更换后的物品按照规定位置摆放好，做到美观有序
10. 增补用品	将房间里短缺的消耗用品、文具用品等按规定的数量、种类配齐	按照酒店规定，补充客房内用品
11. 客房吸尘	• 吸尘，注意有水的地方用抹布抹干净 • 由里向外吸尘，主要吸房间地面及软垫家具；注意将边角处吸干净	保持卫生间、客房干净、整洁，无卫生死角
12. 调整窗帘	• 拉开窗帘，检查是否有脱钩或损坏现象，关上不必要的灯 • 打开窗户及换气扇进行通风	窗帘保持干净、无污迹、无破损；窗帘经调整后，客房通风保持顺畅，窗户采光不受遮挡
13. 巡视房间	• 检验卫生状况及空气质量，评估卫生间用品的配备情况 • 站在客房门口对房间各处巡视一遍，确认是否有遗漏之处	卫生和空气质量达到标准，用品配备齐全、摆放规范；无遗漏和不符合规范之处
14. 离开房间	• 撤离所有清洁用具，并仔细清点 • 填写"客房清扫工作报表"	确保清洁工具不遗漏在房间里；按服务规范离开房间

（三）空房清扫流程与标准（见表3-2-5）

表3-2-5　空房清扫流程与标准

步骤	标准	提示
1. 进房、开窗换气	• 按照规定的程序进房 • 开窗换气	进房符合规范标准；房间空气保持清新，无异味
2. 擦拭浮尘	用干湿两块抹布分开擦拭家具、设备、门窗等，除去灰尘	客房设备、家具、门窗无灰尘、无污渍，卫生无死角
3. 卫生间放水	• 卫生间马桶放水，地漏冲水，排除异味，擦拭卫生间的浮尘 • 将浴缸和洗脸盆的冷热水放流1~2mins，直至水清为止；擦净水渍、水痕	卫生间水质清洁，卫生洁具无污痕、无水渍
4. 地毯吸尘	空房每隔两三天吸尘一次	地毯清洁、无灰尘
5. 检查	• 检查卫生间"四巾" • 检查房间设施设备情况，如有故障及时报修。检查天花板、墙脚有无蜘蛛网，地面有无虫类，及时清理	卫生间"四巾"保持柔软、干净；设施设备无安全隐患，运转正常；无蜘蛛网、无虫类、无灰尘等
6. 关门退房	• 熄灯、关门、退出房间 • 填写工作报表	按规范程序关门退房。正确填写好工作报表

三、中式铺床

（一）中式铺床训练要点

中式铺床训练需要掌握三个要点：第一是准备工作，服务员应当提前按楼层分区领取布草，确保一次性带齐所有物品并合理摆放在房间内顺手的位置。在正式铺床前，需将床拉出至合适距离，快速检查床腿和床垫状况，确认无误后方可开始操作。第二是铺床操作规范，服务员应站在床尾正中位置，双手等距抓握床单两侧，均匀发力一次性甩开床单，确保中线居中对齐、四角平整到位。包角时要按照固定顺序操作，套被套则要一次抛开展平，使被套中线与床单中线重合，被头与床头保持平齐。第三是注意事项，整个操作过程要求动作干净利落，用力适中，避免因力度过小导致床单不平整，或用力过大造成位置偏移而需要返工。同时要建立标准化流程，尽量减少无效移动，提高工作效率。

（二）中式铺床步骤与标准（见表3-2-6）

表3-2-6　中式铺床步骤与标准

步骤	标准	提示
1.床上用品的准备	防尘垫1张、床单1张、枕套2个、枕芯2个、被套1条、被芯1条、装饰带1条	准备用品要细致，检查备用床上用品是否有污渍、破损，如有上述情况必须更换
2.将床拉离床头板	站立在距床尾30cm处，两脚前后交叉留出一足距离，屈膝下蹲并重心前倾，用双手握紧床尾部，将床屉连同床垫同时慢慢拉出，动作规范、操作要轻	使床身离开床头板50cm
3.摆正床垫	将床垫与床架边角对齐，摆正过程中检查床垫的好坏	根据床垫四边所标明的月份字样，将床垫定期翻转，使其受力均匀
4.整理床面	用手把棉褥理顺、拉平	发现污损棉褥要及时更换
5.铺床单	• 抖单，力求一次到位，无重复甩单，一次甩单定位成功 • 定位，使床单中线居中，向两侧的对折线与床垫边沿同等距离，床单正面朝上 • 包角，内斜角为45°，外直角为90°	依顺时针或逆时针包好四个角，在包角时将床单的四边顺势塞入床垫下面的夹缝中，四边紧细、平整，不得有床单外露，床面平整
6.套被套、铺被子	• 将被芯平铺在床上 • 将被套外翻，把里层翻出 • 使被套床头部分与被芯的床头部分固定 • 一手伸进被套，紧握住被芯部分的两角，向内翻转，用力抖动，使被芯完全展开，被套四角饱满 • 调整被套位置，使棉被床头部分与床垫床头部分齐平，棉被中线与床单中线重合，两侧自然下垂，距离相等，套被套、铺被子争取一次到位，不得重复进行 • 将棉被床头部分翻折30cm或45cm • 将被套开口处封好	操作过程中棉被不能着地，整理棉被表面，使床面平整美观

步骤	标准	提示
7. 套枕袋	• 把枕芯横放在床面上，左手抖开枕袋平铺床上，张开袋口，用右手抓住枕芯的两个前角，从枕袋开口处送入直至袋端，然后将枕芯两角推至枕袋两角端部 • 用两手提起枕袋口轻轻抖动，使枕芯自动滑入，装好的枕芯要把枕袋四角冲齐，枕芯四边与枕套四边平行重合	动作熟练，干净利落
8. 放置枕头	• 将套好的枕头放置于床头的正中，单人床（房间一张床）将枕袋口反向于床头柜，两个枕头各保持 20cm 的厚度重叠摆放，离床头 1cm • 双人床放枕头时，将四个枕头两个一组重叠，枕套口方向相对，当房间有两张单人床时，也要将两床枕套口反向于床头柜，摆放枕头要求一致 • 枕头放好后要进行整形，轻推枕面，使四角饱满挺实	注意不要在枕面上留下手痕
9. 放置床尾的装饰带	将装饰带平铺于床尾棉被上	装饰带两边应等长地自然下垂
10. 将床推回原位	将床身缓缓推回原位置	动作轻快，用力适当

四、夜床服务

（一）夜床服务内容

夜床服务是便于客人休息的重要服务内容之一，同时，夜床服务也是对入住客房进行整理的机会，能体现酒店客房服务的规格标准和对客人的关怀，使客人感到舒适温馨。开夜床服务包括三项工作：房间的整理、开夜床、卫生间的整理（见表 3-2-7）。

表 3-2-7　夜床服务的主要工作

工作范围	具体流程
房间整理	整理卧室时，先清理卧室的垃圾，如有使用过的烟灰缸、茶杯等，进行清理和更换；然后抹尘

续表

工作范围	具体流程
开夜床	• 根据客人数量，尊重客人的习惯开夜床，将被子向外折成45°；打开床头灯 • 放好晚安巾、拖鞋、睡衣等；按酒店规定放好鲜花、水果、晚安卡或小礼品等
卫生间整理	• 冲洗恭桶 • 清洁客人用过的浴缸、面盆及台面 • 用专用抹布擦洗地面；将浴帘拉至浴缸的2/3处，浴帘尾部放入浴缸内，将酒店提供的浴袍放在床尾

（二）个性化夜床服务

要使夜床服务成为酒店服务的亮点，还需要管理者的创新意识，不断地丰富和完善夜床服务的内容，设计出令客人惊喜的效果，即个性化的开夜床。

酒店个性化开夜床服务的六大创意如表3-2-8所示。

表3-2-8 酒店个性化开夜床服务的六大创意

食品类	在开夜床服务时，酒店通常会为客人准备精美的晚安巧克力，包装上印有酒店标志。除巧克力外，还有糖果、特色小点心或当地风味零食，满足不同宾客的饮食偏好
鲜花类	在妇女节、母亲节等节日，为女性宾客准备包装精美的花束，能有效提升宾客的满意度和惊喜感
玩具类	家庭房送上小玩具，赢得孩子们及童心未泯的客人们的欢心
饰品类	酒店 logo 的钥匙环、手机链、指甲刀等小饰品，深受客人喜爱
纪念品类	设计具有中国传统文化元素、当地特色元素或酒店特色的纪念品，利用毛巾叠制各种形象，给客人留下美好的记忆
节假日类	有些酒店利用节假日，如万圣节等，为客人营造节日气氛。不过要针对客人的特点和喜好而为之，否则可能适得其反

此外，有些酒店推出"枕头服务"。为了让客人充分体验细致入微的温馨服务，夜床服务时在客人床头留下"枕头自选菜单"，提供各种枕头如荞麦枕、木棉枕、磁疗枕、茶叶枕等，并详细注明每种枕头的不同功效，供客人自由选择，让客人享受更舒适的睡眠。如果是常住客人，酒店还会将此信息输入电脑档案，让客人每次入住都能温馨入睡。

→ **实训实施**

一、中式铺床

（一）实训要求（见表3-2-9）

表3-2-9　中式铺床模拟实训要求

实训场景	客房实训室，模拟中式铺床的步骤
实训准备	一张单人床以及与单人床的床面规格大小相一致的：防尘垫1张、床单1条、枕套2个、枕芯2个、被套1床、被芯1个、装饰带1条，中式铺床步骤与操作标准
角色扮演	2名同学一组进行工作车整理模拟实训
实训规则与要求	• 分组练习：2人/组，按标准流程模拟 • 评估流程：操作时组员记录失误。完成后自评→互评→教师终评
模拟实训评分表	如表3-2-10所示

（二）实训考核

表3-2-10　中式铺床实训评分

评分项目	评分标准	分值	得分
准备床上用品	床单1条、枕套2个、枕芯2个、被套1床、被芯1个、装饰带1条	15	
铺床单	抖单、定位、包角；四角式样一致、均匀，床单四周紧密	15	
套被套、铺被子	套被套、铺被子一次到位，被套商标须在床尾，床头棉被翻折30cm或45cm，两侧自然下垂	15	
套枕头	四个角到位，枕芯不得外露，枕头外形平整、挺括	15	
放枕头	枕头居中，枕头边与床两侧距离相等，枕头开口与床头柜方向相反	15	
放置床尾装饰带	装饰带两边等长下垂，颜色搭配协调，整体效果美观	15	
综合呈现	干净，整洁，舒适，美观	10	
总分		100	

评分项目	评分标准	分值	得分
教师评价：			

二、夜床服务

（一）实训要求（见表 3-2-11）

表 3-2-11　夜床服务模拟实训要求

实训场景	客房实训室，模拟夜床服务
实训准备	夜床服务操作流程与标准、客用易耗品等
角色扮演	2 名同学一组进行夜床服务模拟实训
实训规则与要求	• 分组练习：2 人 / 组，按标准流程模拟 • 评估流程：操作时组员记录失误。完成后自评→互评→教师终评
模拟实训评分表	如表 3-2-12 所示

（二）实训考核

表 3-2-12　夜床服务实训评分

评分项目	评分标准	分值	得分
敲门进房	• 按照规定的进房顺序敲门进房，说明自己的身份和目的 • 与房间内客人礼貌问好，并做相关记录	15	
烟灰缸与杯子清理	• 烟灰缸、垃圾桶已清空洗净 • 按应有数量补进干净的杯子和烟灰缸	15	
空调调整	调节开关和空调，打开夜灯、床头灯。关上其他灯，按规定将空调调节好	15	
晚安卡、浴衣整理	• 床头放置晚安卡或晚安致意品 • 如有浴衣，应叠好放在床尾一角	15	
被子整理	• 被子折叠规范，按标准将床罩折叠好放置于规定的地方 • 角度折叠规范 • 按标准将床罩折叠好放置于规定的地方	15	

评分项目	评分标准	分值	得分
卫生间整理	• 卫生间马桶冲洗干净 • 无垃圾、水渍 • 替换干净的毛巾并整理规范	15	
综合呈现	• 检查有无不妥之处 • 若客人不在房内则将房门关起并锁好 • 若客人在房内则祝客人晚安	10	
总分		100	
教师评价： 			

三、客房清扫

（一）实训要求（见表 3-2-13）

表 3-2-13 客房清扫模拟实训要求

实训场景	• 客房实训室，模拟客房清扫（走客房、住客房和空房） • 模拟四星级酒店标准客房，包含卧室、卫生间、客厅三大区域 • 设置三种房型：走客房（退房未清洁）、住客房（客人在住）、空房（已清洁待检查） • 配备智能门锁、电子房态系统、布草车、清洁工具车等设备
实训准备	• 统一着装（酒店制服＋防滑鞋＋工号牌） • 清洁工具包（包含尘推、喷壶、百洁布、清洁剂等工具） • 客房服务记录表（含房态确认、清洁流程记录）
角色扮演	2 名同学一组进行客房清扫模拟实训
实训规则与要求	• 遵循"十字方针"：敲、开、撤、铺、抹、洗、补、吸、检、登 • 清洁剂使用浓度精确至 1∶50 配比 • 布草更换执行"一客一换"标准
模拟实训评分表	如表 3-2-14 所示

（二）实训考核

表 3-2-14　客房清扫实训评分标准

评分项目	评分标准	分值	得分
客房清扫准备工作	·工具齐全性 ·房态确认流程规范	10	
客房清扫流程	·遵循"十字方针"完整度 ·清洁剂配比准确性 ·布草更换规范性	30	
客房清扫质量	·客房死角清洁（床底/空调口/窗帘轨道） ·镜面无水渍 ·布草铺设平整度	30	
客房清扫操作安全规范	·防护装备使用 ·清洁剂存放合规 ·登高作业安全性	10	
综合呈现	·仪容仪表规范 ·沟通话术标准 ·突发情况处理能力	20	
总分		100	
教师评价：			

任务 3　餐饮服务技能水平提升

学习目标

1. 熟悉餐饮服务的基础操作技能与要求。

2. 掌握中西餐摆台的流程与标准，能够完成中西餐对客服务。

知识准备

一、餐饮基础操作

（一）托盘服务

1. 托盘类型、特点及用途

托盘根据材质、大小和形状能分为不同类型，其用途和功能也存在较大差别（见表 3-3-1）。

表 3-3-1　托盘类型、特点及用途

分类	类型	特点及用途
按材质分类	木质托盘	• 易腐蚀变形，寿命短，不易清洁，单价低 • 常用于递送账单等轻量级服务
	塑料托盘	• 防霉、防潮、防腐，易清洗，不易变形，寿命长 • 各类餐厅的首选托盘
	金属托盘	• 不易变形，易清洁，不防滑，造价高，寿命长 • 适用于高端餐厅或特定场合
按形状和大小分类	圆托盘	• 大圆托盘（直径＞ 36cm）：适用于大型宴会或多人服务 • 中圆托盘（直径 32~36cm）：适用于常规餐饮服务 • 小圆托盘（直径 20~31cm）：适用于单人饮品或小食递送
	方托盘	• 大方盘 / 中方盘：用于运输菜点、酒水及较重的餐具 • 小方盘：用于摆台、斟酒及运送菜品、饮品等

2. 托盘操作方法

（1）轻托。

轻托又称为胸前托法，所载物品重量一般为 5kg，运送少量的酒水饮料、餐具、传菜、斟酒、摆台、撤换餐具等，是最常见和实用的托法。

（2）重托。

重托又称为肩上托法，所载物品重量一般为 10kg，托送较多菜品、酒水和空盘碟，此法的优点在于行走时较显高雅。多用于传菜员在厨房与餐厅之间传菜。

3. 托盘操作流程与标准（见表 3-3-2）

表 3-3-2 轻托服务操作流程与规范

步骤	标准	提示
理托	清洁托盘及垫布	• 确保托盘无污渍、无水渍 • 检查垫布的平整度
装盘	重物、高物靠内侧。轻物、低物靠外侧。常用物品靠外侧	• 动作轻缓，保持安静 • 双手协同操作 • 确保重量分布均衡
起托	起托身体要稳，协调配合	左脚前迈小步，双膝微曲。左手五指分开托底，右手辅助。小臂呈 90° 直角。托盘位于左前 45°（腰带上方）
行走	上身挺直，目视前方。步伐稳健（常步／快步／碎步）	随步伐自然摆动。保持平稳不摇晃
落托	侧身服务。右脚重心，左脚微抬。托盘悬于客位外	右手随时调整平衡。保持微笑服务

（二）餐巾与餐巾折花

1. 餐巾类型、特点与用途

餐巾根据材质、颜色可分为不同类型，其用途和功能也存在较大差别（见表 3-3-3）。

表 3-3-3 餐巾类型、特点及用途

分类	类型	特点及用途
按材质分类	棉质餐巾	• 浆洗后挺括，易折叠造型，吸水性和去污力强 • 多次折叠后挺括度下降 • 正式宴会、高端餐厅
	化纤餐巾	• 耐用，不易褶皱，多次折叠仍能保持形状 • 不易折叠造型，吸水性较差 • 日常餐厅、快捷服务场所

分类	类型	特点及用途
按颜色分类	纯色餐巾	• 以白色为主，视觉简洁优雅，卫生感强 • 商务宴请、西式餐厅
	彩色餐巾	• 色彩丰富，可营造不同氛围（如大红色显喜庆） • 主题宴会、节日庆典
	印花餐巾	• 通过印花技术装饰，美观度高 • 特色餐厅、品牌活动

2.餐巾折花类型、特点与用途

餐巾折花根据摆放位置不同，一般可以分为杯花和盘花；根据餐巾折花的花形，一般可以分为动物类折花、植物类折花和实物类折花（见表3-3-4）。

表3-3-4　餐巾折花的类型、特点及用途

分类	类型	特点及用途
按形态分类	动物类	• 包括飞禽、走兽、鱼虾等，其中以飞禽为主，如孔雀、鸽子、海鸥等。动物类造型有的取其整体，有的取其特征，形态逼真，生动活泼
	植物类	• 包括各种花草、蔬菜、水果等，其中以花草为主，如月季、荷花、牡丹等。植物类造型有的取其花的造型，有的取其叶、茎、果实等的造型，美观大方
	实物类	• 此类型是模仿日常生活中各种实物形态折叠而成的，如花篮、蜡烛、折扇等。实物类型目前品种不多，多用作盘花
按摆放位置分类	杯花	• 摆放在玻璃杯中的餐巾折花，一般常见于中餐台面
	盘花	• 摆放在盘子中的餐巾折花，一般常见于西餐台面

（三）斟酒服务

1.斟酒准备

斟酒服务指餐饮服务中的重要内容，也是餐厅服务质量和服务水平的表现，专业餐饮工作人员不仅要求能够熟练地、无泼洒地斟酒，斟酒前的准备工作也非常重要，是进行斟酒服务的前提和基础（见表3-3-5）。

表 3-3-5　斟酒前的准备工作

工作环节	主要工作内容
1.酒水检查	• 质量检查：检查酒标完整性、瓶身状况及密封性。观察酒液澄清度，发现沉淀或浑浊立即更换 • 整理存放：清洁酒瓶表面。按品类分类摆放，确保整齐美观、取用便捷
2.酒水展示	• 示瓶规范：站立于主人右侧。左手托瓶底，右手扶瓶身。将酒标朝向客人确认 • 确认流程：获得认可后方可开瓶。若客人不满意立即更换
3.酒水的温度处理	• 冰镇酒水：适用啤酒、香槟、白葡萄酒。设备冷藏、冰块冷却。根据客人要求调整冰镇时间 • 温烫酒水：水烫、烧烫、燃烧、热水注入。控制温度避免过热
4.酒水开瓶	• 准备工作：保持酒瓶静止，避免晃动。清洁瓶口及塞屑 • 工具使用：选用海马刀或翼型开瓶器 • 操作要点：动作精准果断。轻缓拔塞，避免异响 • 后续处理：用干净餐巾擦拭瓶口。及时清理瓶塞等杂物

2.斟酒顺序与方式

（1）斟酒顺序与要求。中餐宴会斟酒顺序是从主宾开始，按男主宾、女主宾、主人的顺序顺时针方向依次进行。西餐宴会顺序为：女主宾、女宾、女主人、男主宾、男宾、男主人（见表 3-3-6）。

表 3-3-6　中西宴会酒水斟倒顺序及要求

斟酒类型	斟倒顺序及要求
中餐宴会斟酒	中餐宴会的斟酒顺序。宴会开始前 10mins 左右将烈性酒和葡萄酒斟好。其顺序是从主宾开始，按男主宾、女主宾、主人的顺序顺时针方向依次进行
西餐宴会斟酒	西餐宴会用酒较多，讲究餐酒搭配，应先斟酒后上菜。其顺序为：女主宾、女宾、女主人、男主宾、男宾、男主人

（2）桌斟。桌斟指顾客的酒杯放在餐桌上，餐厅服务员右手持瓶向杯中斟倒酒水。此种方法又分为徒手斟酒和托盘斟酒，是餐厅斟酒最常使用的一种方法。

徒手斟酒是指服务员左手持餐巾布，右手握酒瓶，将顾客选定的酒水依次斟入客人的杯中，然后用左手中的餐巾布将瓶口擦拭干净的一种斟酒方法。此种方法多用于零点点餐服务中顾客选用的酒水较单一的情况。

托盘斟酒是指服务员将顾客选定的酒水、饮料放于托盘内，餐厅服务员左手端托盘，托盘的位置应位于客人座椅背后，保证托盘平稳，右手取送斟倒，根据顾客的需要取送酒水，依次将所需酒水斟入杯中，这种斟倒方法方便顾客选用。

（3）捧斟。指斟酒服务时，餐厅服务员站立于顾客右侧身后，右手握瓶，左手将酒杯捧在手中，向杯中斟满酒放回原来的杯位。捧斟方式一般适用于非冰镇酒品。此种方法多用于酒会和酒吧服务。

3. 斟酒操作流程与标准（见表3-3-7）

表 3-3-7　斟酒操作流程与标准

斟酒类型	标准	提示
红葡萄酒斟倒	• 酒液不滴洒 • 斟倒顺序正确，斟倒量合适，斟倒及时	• 右手持瓶身中下部，左手持折叠好的方形口布 • 侧身，右臂展开，肘部微曲，压腕斟倒酒水 • 瓶口对准酒杯正上方3cm左右，匀速倒入杯中 • 斟完后抬腕，使瓶口高于瓶身，向内侧旋转手腕，同时收回右臂至左侧进行瓶口的擦拭
白酒斟倒	• 酒液不滴洒 • 斟倒顺序正确，斟倒量合适，斟倒及时且不能溢杯	• 右手持瓶底部1/3处，左手持折叠好的方形口布 • 侧身，右臂展开，肘部微曲，压腕斟倒酒水 • 瓶口对准杯壁正上方3cm左右，匀速倒入杯中 • 斟完后抬腕，使瓶口高于瓶身，向内侧旋转手腕，同时收回右臂至左侧进行瓶口的擦拭

（四）上菜服务

1. 中西餐上菜顺序与要求

中西餐虽然在食材、烹饪技法上存在较大差别，但是在上菜原则和顺序上存在一定共性（见表3-3-8）。

表 3-3-8　中西餐宴会上菜顺序及要求

宴会类型	上菜原则	上菜顺序
西餐	• 先冷后热 • 先咸后甜 • 先蔬菜后肉菜 • 先淡后浓	头盘—汤—副菜—主菜—甜品—咖啡和茶
中餐	• 先冷后热 • 先咸后甜 • 先菜后点心 • 先淡后浓 • 先优质后一般	凉菜—主菜—热菜—汤菜—甜品—果盘

2. 中西餐上菜要点与规范（见表 3-3-9）

表 3-3-9　中西餐上菜规范及注意事项

要点	上菜规范	注意事项
上菜的位置	• 同一餐桌的上菜位置不能随意更换 • 上菜位置的选择不能对就餐客人造成干扰 • 提前规避因上菜位置不当而发生的意外事件	• 零点餐服务比较灵活，服务员应注意选择比较宽敞的位置上菜，以不打扰客人为宜，切忌在老人、儿童或女士旁边上菜 • 中餐宴会上菜一般选在陪同和次要客人之间，或者副主人的右侧（有利于副主人向客人介绍菜肴），并始终在一个位置上菜
上菜的时间	• 不影响客人的正常交流 • 火候菜上菜要及时	• 冷盘应在客人点菜 10mins 之内上桌 • 宾客较少时，一般 30~45mins 左右上完全部菜品
菜品介绍	• 通俗易懂 • 增加文化气息	• 介绍时根据食材、烹饪方式、典故等取材 • 介绍语言通俗易懂 • 介绍时机一般在菜品递送到餐桌上后，向后退两步，避免介绍时口水溅到菜肴上
上菜时的身体姿势	要平稳轻松，保证托盘不晃动，身体不摇摆	单手端托或双手端托的菜肴都采取正对餐桌的姿势上菜，另一只手调整转盘或者其他菜肴，以便把菜品放在合适的位置上，必要时可协同餐饮部同事一起上菜

要点	上菜规范	注意事项
菜品摆放	• 美观大方，色彩搭配协调 • 观赏面朝向主宾	• 主菜肴的观赏面应正对主位，其他菜肴的观赏面要朝向四周 • 各种菜肴摆放时要讲究造型艺术，应根据菜品的颜色、形状、口味、荤素、盛器、造型摆放。原则是讲究造型、颜色搭配

（五）分菜服务

1. 中西餐分菜工具与使用

在中西餐的分菜服务中常常会使用分菜工具。中餐的分菜工具比较简单。分鱼类、禽类的菜肴时，一般使用刀、叉、勺；分炒菜类菜肴时使用叉、勺和筷子；分汤羹类菜肴时使用长柄汤勺和筷子。刀、叉、勺的使用方法主要有两种，分别是指握法和指夹法。指握法是将一对服务叉、勺握于右手，正面向上，叉子在上方。服务勺在下方横过中指、无名指与小指，将叉、勺的底部与小指的底部对齐，轻握叉、勺柄部；随后将食指伸进叉、勺之间，用食指和拇指尖握住叉、勺。指夹法是将一对叉、勺握于右手，正面向上，叉子在上方，服务勺在下方，使中指及小指在下方而无名指在上方夹住服务勺。将食指伸进叉、勺之间，用食指与拇指尖握住叉子使之固定。

2. 中西餐常见分菜方法

在中西宴会服务中，分菜服务是很常见的一项对客服务操作，常见的分菜方法包括桌面分菜、服务桌分菜、托盘分菜和二人合作分菜（见表3-3-10）。

表3-3-10　分菜方法

类型	
桌面分菜	桌面分菜是服务员站在客人的左侧，左手托盘，右手拿叉和勺，将菜在客人的左边派给客人，一般适用于分热炒菜和点心
服务桌分菜	服务桌分菜服务即先将菜品放在客人就餐的餐桌上，为客人介绍菜品的特色，然后拿到服务桌将菜品分装到不同的餐碟中，再逐一为客人派送
托盘分菜	将菜肴放在托盘上，左手托住托盘，右手拿分菜用的叉和勺。从主宾左侧开始，按逆时针方向绕台进行

续表

类型	
二人合作分菜	由两名服务员配合操作，一名服务员右手持公用筷，左手持长把公用勺，另一名服务员将每一位客人的餐碟移到分菜服务员近处，由分菜服务员分派，另一位服务员从客人左侧为客人送菜

3. 桌面分菜服务操作流程与标准（见表 3-3-11）

表 3-3-11　桌面分菜服务操作流程与标准

步骤	标准	提示
1. 准备分菜	• 准备工具，净手 • 避免汤汁滴洒	分菜前需要向客人展示菜肴
2. 分菜	• 分菜均匀 • 分菜过程中注意保证菜肴不滴洒	• 左脚向前一步，上体稍前倾，左手托菜肴底部与客人分餐碟持平 • 右手持叉、勺，勺子在下，叉子在上。拇指食指捏住叉柄，叉子尖部朝下，中指、无名指托住勺柄，小拇指压在勺柄上，五个手指配合将菜品夹起 • 夹送过程稳而快，避免菜品以及汤汁污染桌面
3. 菜肴递送	分菜迅速、熟练	• 递送过程快而稳，汤汁不能外溅 • 递送时注意观察客人餐具的使用情况，及时更换餐具
4. 整理剩余菜肴	剩余菜肴摆放美观	• 剩余菜肴整理到一起，保持菜品美观度 • 剩余菜肴放在服务台，以便客人需要时添加

二、中西餐宴会摆台

（一）中西餐宴会摆台基本要求

受到不同地区饮食习惯、饮食文化、餐饮礼仪、就餐形式不同的影响，摆台一般分为中餐摆台和西餐摆台两类。中餐摆台和西餐摆台在摆放用具的选择和台面的摆放上都存在比较大的差别，但是摆台要求相似（见表 3-3-12）。

（二）中餐宴会摆台流程与标准（见表3-3-12）

表3-3-12　中餐摆台操作流程与规范

步骤	标准	提示
1. 铺台布	• 选择合适的方式铺设台布 • 台布平整，凸缝朝向正、副主人位，台布下垂均等且平整 • 折铺过程一次抖开 • 调整台布时动作要稳、准、没有多余的动作	• 抖铺式、推拉式、撒网式任选 • 把台布、台裙、熨烫设备等备好，放在方便的地方，净手 • 将折叠好的台布正面朝上打开，按标准铺设
2. 拉椅定位	将椅子拉至用餐位置上，餐椅前端与台布下垂部分自然接触	• 拉椅：把椅子拉成三三两两或规则摆放，并将副主人位上的椅子移开 • 所有操作全部从主宾位开始，按照顺时针方向依次进行 • 站位：站在副主人位上，准备操作 • 摆台时左手托盘，右手从托盘上拿餐具进行摆放。以大拇指、食指和中指持餐具边沿，盘子持盘边沿，碗持碗沿，杯子持杯柄或下半部分 • 餐具如有店标或店徽，应将店标或店徽正面朝向客人位置
3. 摆放骨碟	碟边距离桌边1.5cm，碟中店徽或店标等图案要正对客人，餐盘之间距离相等	
4. 摆放味碟	味碟离骨碟正前方1cm	
5. 摆放汤碗、汤勺	汤碗位于味碟左侧，与味碟在一条直线上，汤碗、汤勺摆放正确、美观	
6. 摆放筷架	筷架摆在餐碟右边，位于筷子前方1/3处	
7. 摆放长柄勺	长柄勺摆在筷架上，长柄勺距餐碟距离均等	
8. 摆放牙签	牙签位于长柄勺和筷子之间，牙签套正面朝上，底部与长柄勺齐平	
9. 摆放牙签	筷子的筷尾距餐桌沿1.5cm，筷套正面朝上	
10. 摆放酒杯	• 葡萄酒杯在味碟正前方2cm • 白酒杯摆在葡萄酒杯右侧，水杯位于葡萄酒杯左侧，杯肚间隔1cm • 三杯呈斜直线 • 摆杯手法正确（手拿杯柄或中下部）、卫生	
11. 摆放菜单	宴会菜单立放于正副主人位右前方	

续表

步骤	标准	提示
12. 摆放餐巾折花	• 餐巾平整无折痕 • 花型突出主位 • 使用托盘摆放餐巾 • 花型美观，整体挺括、和谐，突显主题、有创意	• 拉椅：把椅子拉成三三两两或规则摆放，并将副主人位上的椅子移开 • 所有操作全部从主宾位开始，按照顺时针方向依次进行 • 站位：站在副主人位上，准备操作
13. 摆放台面中心装饰物	花台放餐台中心，使餐桌相对台位的骨碟、味碟、葡萄酒杯、花瓶等在一条直线上	• 摆台时左手托盘，右手从托盘上拿餐具进行摆放。以大拇指、食指和中指持餐具边沿，盘子持盘边沿，碗持碗沿，杯子持杯柄或下半部分 • 餐具如有店标或店徽，应将店标或店徽正面朝向客人位置

（三）西餐宴会摆台（见表3-3-13）

表3-3-13　西餐宴会摆台操作流程与规范

步骤	标准	提示
1. 备餐具	根据宴会菜单的要求，选用和摆放相应的餐具，一般来说，在开餐前餐桌上摆放的餐具不可超过3套	
2. 铺台布	• 台布平整、下垂均等 • 铺设过程中没有多余的动作，台布铺设过程自然利落，铺设过程中台布不能落地	• 摆台时注意用左手托盘，右手从托盘上一一拿下餐具。以大拇指、食指和中指持刀叉的下半部分，盘子持盘边沿，杯子持杯柄或下半部分。餐具如有店标，店标要正面朝向客人位置 • 摆餐具时，可通过指测和目测的方式测量餐具之间的距离。指测可以大拇指、食指和中指的粗细进行测量。目测可利用台布折线或花纹，以第一个展示盘的摆放位置作为参考，控制桌面整体的效果
3. 摆展示盘	展示盘摆放在餐位正前方的位置，盘边距餐台边距离均等	
4. 摆主餐刀	展示盘的右侧摆放主餐刀，刀刃朝左，距展示盘1cm，刀柄与餐台边缘距离均等	
5. 摆鱼刀	鱼刀在主餐刀右侧，刀刃与主餐刀距离均等，刀柄距餐台边缘距离均等	
6. 摆汤勺	汤勺在鱼刀右侧，与鱼刀距离均等，勺柄与餐台边沿距离均等	

步骤	标准	提示
7. 摆前菜刀	开胃品刀在汤勺右侧，刀刃距汤勺距离均等，勺柄距餐台边沿距离均等	
8. 摆主餐叉	展示盘的左侧摆放主餐叉，距展示盘1cm，叉柄距餐台距离均等	
9. 摆鱼叉	鱼叉在主餐叉左侧，距主餐叉0.5cm，叉柄距餐台边沿距离均等	
10. 摆前菜叉	开胃品叉在鱼叉左侧，距鱼叉0.5cm，叉柄距餐台边沿均等	
11. 摆甜品刀叉	甜品叉头朝右，横放在展示盘正前方1cm处，甜品勺在甜品叉正前方0.5cm处，勺柄朝右	• 摆台时注意用左手托盘，右手从托盘上一一拿下餐具。以大拇指、食指和中指持刀叉的下半部分，盘子持盘边沿，杯子持杯柄或下半部分。餐具如有店标，店标要正面朝向客人位置
12. 摆面包盘、黄油刀、黄油碟	• 面包盘中心与展示盘中心相对，在同一直线上 • 黄油刀放置在面包盘内右侧1/3处，刀尖朝上；黄油碟放置于黄油刀正前方	• 摆餐具时，可通过指测和目测的方式测量餐具之间的距离。指测可以大拇指、食指和中指的粗细进行测量。目测可利用台布折线或花纹，以第一个展示盘的摆放位置作为参考，控制桌面整体的效果
13. 摆酒杯	白葡萄酒杯、红葡萄酒杯、水杯杯肚间距为1cm	
14. 摆餐巾折花	展示盘中央摆放造型美观、大方的餐巾折花	
15. 摆中心花台、烛台	餐桌中央摆放中心花台和烛台，烛台数量可视餐桌大小而定	
16. 摆椒盐瓶及牙签盅	椒盐瓶和牙签盅分别摆放在餐桌中央靠近烛台的位置	

→ 实训实施

一、中餐宴会摆台与服务

（一）实训要求（见表 3-3-14）

表 3-3-14　中餐宴会摆台模拟实训要求

实训场景	餐厅实训室，模拟中餐宴会摆台
实训准备	中餐宴会摆台操作流程与标准、中餐宴会摆台用品与工具
角色扮演	2 名同学一组进行中餐宴会摆台模拟实训
实训规则与要求	分组练习：2 人 / 组，按标准流程模拟 评估流程：操作时组员记录失误。完成后自评→互评→教师终评
模拟实训评分表	如表 3-3-15 所示

（二）实训考核

表 3-3-15　中餐宴会摆台与服务实训评分

评分项目	评分标准	分值	得分
铺台布	• 选择合适的方式铺设台布 • 台布平整，凸缝朝向正、副主人位，台布下垂均等且平整 • 折铺过程一次抖开 • 调整台布时动作要稳、准、没有多余动作	10	
拉椅定位	将椅子拉至用餐位置上，餐椅前端与台布下垂部分自然接触	5	
摆放骨碟	碟边距离桌边 1.5cm，碟中店徽或店标等图案要对正客人，餐盘之间距离相等	10	
摆放味碟	味碟离骨碟正前方 1cm	5	
摆放汤碗、汤勺	汤碗位于味碟左侧，与味碟在一条直线上，汤碗、汤勺摆放正确、美观	10	
摆放筷架	筷架摆在餐碟右边，位于筷子前方 1/3 处	10	
摆放牙签	筷子的筷尾距餐桌沿 1.5cm，筷套正面朝上	10	

评分项目	评分标准	分值	得分
摆放酒杯	• 葡萄酒杯在味碟正前方 2cm • 白酒杯摆在葡萄酒杯右侧，水杯位于葡萄酒杯左侧，杯肚间隔 1cm • 三杯呈直线 • 摆杯手法正确（手拿杯柄或中下部）、卫生	10	
摆放菜单	宴会菜单立放于正副主人位右前方	10	
摆放餐巾折花	• 餐巾无折痕 • 花型突出主位 • 使用托盘摆放餐巾 • 花型美观，整体挺括、和谐，突显主题、有创意	10	
摆放中心装饰物	放餐台中心，使餐桌相对台位的骨碟、味碟、葡萄酒杯、花瓶等在一条直线上	10	
总分		100	
教师评价：			

二、西餐宴会摆台与服务

（一）实训要求（见表 3-3-16）

表 3-3-16　西餐宴会摆台与服务实训要求

实训场景	餐厅实训室，模拟西餐宴会摆台
实训准备	西餐宴会摆台操作流程与标准
角色扮演	2 名同学一组进行西餐宴会摆台模拟实训
实训规则与要求	分组练习：2 人／组，按标准流程模拟 评估流程：操作时组员记录失误。完成后自评→互评→教师终评
模拟实训评分表	如表 3-3-17 所示

（二）实训考核

表 3-3-17　西餐宴会摆台与服务实训评分

评分项目	评分标准	分值	得分
1. 备餐具	• 根据宴会菜单的要求，选用和摆放相应的餐具，一般来说，在开餐前餐桌上摆放的餐具不可超过 3 套	5	
2. 铺台布	• 台布平整，下垂均等 • 铺设过程中没有多余的动作，台布铺设过程自然利落，铺设过程中台布不能落地	5	
3. 摆展示盘	• 展示盘摆放在餐位正前方的位置，盘边距餐台边距离均等	5	
4. 摆主餐刀	• 展示盘的右侧摆放主餐刀，刀刃朝左，距展示盘 1cm，刀柄距餐台边缘距离均等	5	
5. 摆鱼刀	• 鱼刀在主餐刀右侧，刀刃距主餐刀距离均等，刀柄距餐台边缘距离均等	5	
6. 摆汤勺	• 汤勺在鱼刀右侧，距鱼刀距离均等，勺柄距餐台边缘距离均等	5	
7. 摆前菜刀	• 开胃品刀在汤勺右侧，刀刃距汤勺距离均等，勺柄距餐台边缘距离均等	5	
8. 摆主餐叉	• 展示盘的左侧摆放主餐叉，距展示盘 1cm，叉柄距餐台距离均等	5	
9. 摆鱼叉	• 鱼叉在主餐叉左侧，距主餐叉 0.5cm，叉柄距餐台边缘距离均等	5	
10. 摆前菜叉	• 开胃品叉在鱼叉左侧，距鱼叉 0.5cm，叉柄距餐台边缘均等	5	
11. 摆甜品刀叉	• 甜品叉头朝右，横放在展示盘正前方 1cm 处，甜品勺在甜品叉正前方 0.5cm 处，勺柄朝右	10	
12. 摆面包盘、黄油刀、黄油碟	• 面包盘中心与展示盘中心相对，在同一直线上 • 黄油刀放置在面包盘内右侧 1/3 处，刀尖朝上；黄油碟放置于黄油刀正前方	10	
13. 摆酒杯	• 白葡萄酒杯、红葡萄酒杯杯肚间距为 1cm	10	
14. 摆餐巾折花	• 展示盘中央摆放造型美观、大方的餐巾折花	10	
15. 摆中心花台、烛台	• 餐桌中央摆放中心花台和烛台，烛台数量可视餐桌大小而定	5	

评分项目	评分标准	分值	得分
16. 摆椒盐瓶及牙签盅	• 椒盐瓶和牙签盅分别摆放在餐桌中央靠近烛台的位置	5	
总分		100	
教师评价：			

任务 4　酒水服务技能水平提升

学习目标

1. 熟悉茶叶类型及特点，掌握茶冲泡与服务的基本方法，能够根据不同茶类提供茶服务。

2. 熟悉主要咖啡类型及特点，掌握常见咖啡的制作方法。

3. 熟悉鸡尾酒的类型及制作方法，能够运用鸡尾酒调制的基本方法进行经典鸡尾酒调制与服务。

知识准备

一、茶服务

（一）茶叶类型及特点

茶文化是中华文化的重要组成部分，历史悠久，内涵丰富，对社会文明进步与经济发展作用很大。茶叶种类繁多，分类方式多种多样。其中最广为使用和认同的分类方式是按照制作方法将茶叶分为六大类，即绿茶、白茶、黄茶、青茶、红茶和黑茶（见表 3-4-1）。

表 3-4-1　六大茶类的分类及特点

茶类	品质特征	发酵程度	茶性	茶品分类及代表名茶	储存条件
绿茶	原料：嫩芽、嫩叶 颜色：干茶以绿色为主，也有黄绿、碧绿和翠绿 香味：香气鲜爽，味清淡、微苦	非发酵茶	性寒	炒青绿茶：如西湖龙井、信阳毛尖、碧螺春、凌云白毫 烘青绿茶：如六安瓜片、太平猴魁、黄山毛峰、安吉白茶 炒烘结合：如雁荡毛峰、惠明茶、天台山云雾、紫阳毛尖 晒青绿茶：如滇青毛尖 蒸青绿茶：如恩施玉露	低温冷藏
白茶	原料：壮芽、嫩叶 颜色：干茶外表满披白色茸毛，毫心洁白如银，色白隐绿 香味：清甜爽口、甘醇，香气弱	微发酵茶	性寒	代表名茶：白毫银针、白牡丹、贡眉寿眉、月光白茶等	常温储存
黄茶	原料：带有茸头的芽头、芽叶 颜色：干茶叶黄 香味：鲜醇，滋味醇厚	轻发酵茶	性凉	黄芽茶：如君山银针、霍山黄芽、蒙顶黄芽 黄小茶：如平阳黄汤、沩山毛尖、北港毛尖等 黄大茶：如广东大叶青、霍山黄大茶	低温冷藏
青茶	原料：一叶一芽，枝叶连理，多为对口叶 颜色：干茶多为青绿色、青褐色或黄绿色 香味：层次丰富，前调是清新的果香，中调绽放出淡雅的花香，尾调则交织着成熟果香的醇厚；滋味上，入口香醇微苦，而后迅速回甘，余韵悠长	半发酵茶	性平	闽北青茶：如武夷岩茶（武夷肉桂、武夷大红袍、武夷水仙、武夷名丛、武夷奇种） 闽南青茶：如安溪铁观音、白芽奇兰、诏安八仙茶、永春佛手、安溪梅占、安溪本山 广东青茶：如岭头单丛、凤凰单丛（鸭屎香、蜜兰香、芝兰香、黄枝香） 台湾青茶：如乌龙（东方美人）、包种（文山包种、冻顶乌龙、高山乌龙、金萱茶）	偏青色的冷藏 偏褐色的常温

茶类	品质特征	发酵程度	茶性	茶品分类及代表名茶	储存条件
红茶	原料：大、中、小叶均有，一般为切青、条形和碎形 颜色：呈暗红色 香味：甜醇，略带涩味	全发酵茶	性温	工夫红茶：如祁门红茶、英德红茶、云南红茶、川红工夫 小种红茶：如正山小种、外山小种 红碎茶：如滇红碎茶、南川红碎茶	常温储存
黑茶	原料：种类丰富，大叶种等茶树的粗老梗叶或鲜叶 颜色：干茶呈褐绿色或油黑色 香味：醇滑浓郁，回甘好，有特殊的沉香味	后发酵茶	性温	湖南黑茶：成品为三尖、四砖、花卷等 湖北老青茶：又称湖北边茶，成品为青砖茶 四川边茶：分为南路边茶（成品为压制砖茶、金尖茶）和北路边茶（成品为压制茯砖茶和方包茶） 普洱熟茶：散茶和紧压茶	常温储存

（二）茶具类型及特点

古人云，工欲善其事，必先利其器。可见，对于讲求感悟茶中细微之处与烹饮之妙的茶人来说，得心应手的煮茶器具非常重要。中国的茶具种类繁多，制作精湛，功用各具特色具体情况如表 3-4-2 所示。

表 3-4-2　茶具类型及特点

茶具类型	特点	参考图片
茶壶	茶壶是一种供泡茶和斟茶用的带嘴器具。作用主要是泡茶，也有直接用小茶壶泡茶独自饮用的	
茶杯	茶泡好后，需要盛放在茶杯中准备饮用。不同的茶可以用不同的茶杯盛放，材质有玻璃、瓷等几种	

续表

茶具类型	特点	参考图片
盖碗	盖碗又称"三才杯",由杯托、杯身、杯盖构成。盖碗有许多种类,如玻璃盖碗、白瓷盖碗和陶制盖碗等,其中以白瓷盖碗最常见	
茶荷	茶荷又名赏茶荷,是一种置茶用具,用来盛装要沏泡的干茶。茶荷按质地分竹、木、瓷、陶等,一般以白瓷较为多见,也有竹制的	
公道杯	公道杯又称为茶海,蕴含着"观音普度,众生平等"的意思。它的主要功能是使每位客人杯中的茶汤浓度相同	
杯托	杯托主要在奉茶时用来盛放茶杯或是垫在杯底防止茶杯烫伤桌面的器具。杯托按形状分,有长方形、圆形;按材质分竹、木、瓷、布艺等	
茶道具	茶道具被人们称为"茶艺六君子",分别是茶匙、茶针、茶漏、茶夹、茶则、茶桶,每个道具都有各自不同的用处	

茶具类型	特点	参考图片
茶巾	用来擦拭壶壁、杯壁的水渍或是茶渍的茶具。市场上常见的茶巾通常由棉布和麻布制作而成，吸水性比较强	
茶叶罐	用来存放茶叶的器具，又称茶仓。茶叶罐多为紫砂、瓷、锡、纸、玻璃等材质所作	

二、咖啡服务

（一）意式咖啡

意式咖啡也称意式浓缩咖啡，是一种通过让接近沸腾的高压水流强行通过研磨很细且压紧实的咖啡粉制作而成的饮料，其有着浓稠的质感，每单位体积内含有较高的溶解物质，通常供应量是以"份"（shot）来计算。意式咖啡是制作其他传统咖啡饮料的基底，可用于制作美式咖啡、拿铁咖啡、卡布奇诺咖啡、摩卡咖啡等多种花式咖啡（见表3-4-3）。

表3-4-3　常见的花式咖啡

名称	特点	图片
美式咖啡	最普通的咖啡。一般使用意式浓缩咖啡加入大量的水制成	

续表

名称	特点	图片
拿铁咖啡	由意式浓缩咖啡加牛奶制成的一种经典咖啡。拿铁（Latte）在意大利语里是"牛奶"的意思，CaffèLatte 才是指拿铁咖啡	
卡布奇诺咖啡	由意式浓缩咖啡加牛奶和牛奶奶泡制成的一种经典咖啡。咖啡的颜色像卡布奇诺教会的修士在深褐色的外衣上覆上一条头巾一样，因此得名	
摩卡咖啡	由意大利浓缩咖啡、巧克力酱、鲜奶油和牛奶混合而成，并得名于著名的摩卡港	

（二）咖啡制作

1. 意式浓缩咖啡制作（见表 3-4-4）

表 3-4-4　意式浓缩咖啡制作流程与标准

步骤	标准	提示
准备	• 检查设备 • 温杯	• 检查气压表，确保气压值在 1.2~1.5Pa；检查水压表，确保水压在 8~10Pa • 用开水烫洗咖啡杯提升杯具温度
净碗	• 取冲煮手柄 • 擦拭粉碗	• 从冲煮头取下手柄，敲掉用过的咖啡粉渣；拿起来使用的冲煮手柄 • 有少量残粉，用专用小毛刷清理粉碗；如有较多残余，打开冲煮头热水清洗粉碗；用专用抹布擦干净粉碗
取粉	• 定量 • 接粉	• 选定适宜出粉时间/出粉量 • 将手柄放置在咖啡粉的出口处，咖啡均匀散落至粉碗内

步骤	标准	提示
填压	• 布粉 • 压粉 • 清除残粉	• 用食指或手平刮咖啡粉，手部不给粉层向下施压 • 将手柄固定在平整的桌面上，以垂直的方向放上压粉锤并用力按压咖啡粉；来回按压两次后，轻轻旋转填压器以平整咖啡粉表面 • 用小毛刷扫掉粉碗上散落的咖啡粉
萃取	• 预浸冲煮头 • 上冲煮手柄 • 按下萃取键 • 拿杯 • 萃取 • 停止萃取	• 打开冲煮头开关，空放 1~2s，以预热和清洁蒸煮头 • 找到冲煮头上的凹槽，对准冲煮手柄的凸槽，装上冲煮手柄后向右用力旋紧 • 第一时间按下萃取键 • 对准冲出手柄出口放好咖啡杯 • 等待萃取 • 再次按下萃取键停止萃取
出品	出品咖啡	将制作好的意式浓缩咖啡第一时间呈送给顾客
清洁	• 清洁冲煮头 • 清洁手柄 • 用品归位	• 向左轻旋取下手柄；按萃取键放水冲洗冲煮头里剩余的咖啡粉残渣 • 用手柄敲击咖啡渣盒的胶棒，使咖啡渣饼掉落。使用专门的抹布擦拭干净粉碗后归位

2. 拿铁咖啡制作（见表 3-4-5）

表 3-4-5　拿铁咖啡制作流程与标准

步骤	标准	提示
准备器具	• 准备拿铁咖啡杯 • 准备原料	• 根据牛奶、咖啡的出品容量选用合适的杯具 • 按照牛奶、咖啡的比例准备适量咖啡豆及牛奶
准备咖啡	制作意式浓缩咖啡	按照表 3-4-4 的方法制作一杯意式浓缩咖啡
准备牛奶 / 奶泡	制作牛奶 / 奶泡	按照表 3-4-8 的方法制作一份牛奶奶泡
融合注入	按比例注入牛奶、咖啡	将牛奶、意式浓缩咖啡液以 1：2 的比例混合，使牛奶与咖啡充分融合
出品	呈送咖啡	将制作好的牛奶、咖啡配上糖包、咖啡勺送至客人桌上

3. 卡布奇诺咖啡制作（见表 3-4-6）

表 3-4-6　卡布奇诺咖啡制作流程与标准

步骤	标准	提示
准备器具	·准备卡布奇诺杯 ·准备原料	·根据牛奶、咖啡的出品容量选用合适的杯具 ·按照牛奶、咖啡的比例准备适量咖啡豆及牛奶
准备咖啡	制作意式浓缩咖啡	按照表 3-4-4 的方法制作一杯意式浓缩咖啡
准备牛奶 / 奶泡	制作牛奶 / 奶泡	按照表 3-4-9 的方法制作一份牛奶奶泡
融合注入	按比例注入牛奶、咖啡	将奶泡、牛奶、意式浓缩咖啡液以 1：1：1 的比例混合，使牛奶与咖啡充分融合
出品	呈送咖啡	将制作好的牛奶咖啡配上糖包、咖啡勺送至客人桌上

4. 摩卡咖啡制作（见表 3-4-7）

表 3-4-7　摩卡咖啡制作流程与标准

步骤	标准	提示
准备器具	·准备出品用杯 ·准备原料	·根据牛奶咖啡的出品容量选用合适的杯具 ·按照牛奶咖啡的比例准备适量咖啡豆及牛奶、奶油、巧克力酱
准备咖啡	制作意式浓缩咖啡	按照表 3-4-4 的方法制作一杯意式浓缩咖啡
准备牛奶 / 奶泡	制作牛奶 / 奶泡	按照表 3-4-9 的方法制作一份牛奶奶泡
加入巧克力酱	加入 15mL 巧克力酱	巧克力酱作为基底物料加入杯底
加入牛奶	加入 150mL 牛奶	·将牛奶直接倒入杯中 ·使用巴勺将牛奶和巧克力酱搅拌均匀
加入冰块	加入适量冰块	加入冰块使出品的杯量达到八分满
装饰	·挤上奶油 ·淋上巧克力酱 ·插上装饰吸管	·挤奶油时应沿杯边匀速均匀地挤出 ·巧克力酱呈 "Z" 形装饰 ·根据需求装饰上吸管与搅拌棒
出品	呈送咖啡	将制作好的摩卡咖啡送至客人桌上

5. 牛奶奶泡制作（见表 3-4-8）

表 3-4-8　牛奶奶泡制作流程与标准

步骤	标准	提示
备具备料	• 备具备料 • 牛奶倒入拉花缸	• 准备拉花缸 1 个，3~4℃的全脂冰牛奶 1 盒 • 将牛奶轻缓倒入拉花缸，奶量约为拉花缸容量的 1/2
清洁喷头	空喷蒸汽	打开蒸汽阀，喷出冷凝水，清洁蒸汽管
打发牛奶	• 放入蒸汽管 • 打开蒸汽阀 • 关闭蒸汽阀	• 将清洁好的蒸汽管放入备好的拉花缸中，并找到合适的位置 • 打发牛奶 • 关闭蒸汽阀，移出蒸汽管
清洁管壁	• 擦拭蒸汽管管壁	• 用专用的蒸汽管湿抹布擦拭蒸汽管管壁，使管壁彻底清洁
再次清洁蒸汽喷头	• 再次空喷 • 蒸汽管归位	• 打开蒸汽阀，喷出残余奶渍 • 关闭蒸汽阀，将蒸汽管归位
检查质量	• 震碎大气泡 • 旋转融合	• 奶缸敲击台面，震碎大气泡 • 拉花缸缸底贴住台面，定向旋转，使牛奶和奶泡充分融合

（三）咖啡服务（见表 3-4-9）

表 3-4-9　意式咖啡服务流程与标准

步骤	标准	提示
点单	• 为客人上水 • 呈递菜单 • 记录点单	• 使用托盘为客人上迎宾水 • 呈递菜单时根据客人需求适当推荐饮品 • 复述确认客人所点饮品品类及数量 • 询问客人有无其他特殊要求
咖啡制作	• 准备 • 研磨萃取 • 制作奶泡 • 装盘	• 用专用毛巾擦干手，备好托盘、糖包、勺子，开水烫杯后，擦杯布擦干置于机顶 • 研磨萃取意式浓缩咖啡 • 制作牛奶奶泡 • 取出意式浓缩杯放上碟子、配勺、冰水或取出拿铁杯，拿杯子拉花，装盘、配勺子、糖包
出品	托盘呈送	• 使用托盘呈送咖啡，从客人的右后方侧身呈送 • 在呈送时轻声提醒客人，以免打扰客人 • 有配备冰水等配套用具的咖啡应先上配套用具再上咖啡

续表

步骤	标准	提示
买单	• 核实账单 • 收钱结账 • 致谢	• 直接埋单，口头确认点单金额后向顾客提供清单；稍后再埋单，打印清单给顾客，确认内容和金额后再收取钱款 • 确认结账方式。现金结账，当面点清钱款，辨别真伪，找零请顾客当面点清；银行卡、消费卡结账，刷卡后应让顾客签字确认，将卡、顾客联底单、小票交还顾客 • 致谢
清洁	• 清洁咖啡机 • 清洁操作台 • 清洁客桌	• 按照要求清洁咖啡机 • 按照吧台日常管理工作要求清理操作台面 • 待客人离去后第一时间清理客桌

三、鸡尾酒服务

（一）鸡尾酒类型与构成与分类

鸡尾酒是由两种或两种以上的饮料，按一定的配方、比例和调制方法混合而成的饮品。目前，世界上的鸡尾酒有 3000 多种（见表 3-4-10）。

表 3-4-10　鸡尾酒分类表

鸡尾酒分类标准	鸡尾酒类型	鸡尾酒特点
按饮用时间和场合分类	餐前鸡尾酒	含糖分较少，口味或酸或干烈。常见的有马天尼、曼哈顿和各类酸酒等
	餐后鸡尾酒	餐后佐助甜品，帮助消化，口味较甜，且酒中含有较多的利口酒，尤其是香草类利口酒，掺入了药材，饮后能化解食物郁结和促进消化，常见的有 B&B、史丁格和亚历山大等
	佐餐鸡尾酒	晚餐时佐餐的鸡尾酒，一般口味较疏，酒品色泽鲜艳，注重酒品与菜肴口味的搭配，有些可以作为头盆、汤等的替代品。在一些较正规和高雅的用餐场合，通常以葡萄酒佐餐，而较少用鸡尾酒佐餐
	派对鸡尾酒	派对鸡尾酒是在宴会场合使用的鸡尾酒品，特点是注重酒品的口味和色彩搭配，酒精含量一般较低，很受年轻人的喜爱，常见的有特基拉日出、自由古巴和新加坡司令等

续表

鸡尾酒分类标准	鸡尾酒类型	鸡尾酒特点
按调制方法分类	长饮类鸡尾酒	长饮是用烈酒、果汁、汽水等混合调制而成、酒精含量较低的饮料，是一种较为温和的酒品，可较长时间不变质，因而消费者可长时间饮用，故称为长饮。其容量在200~250mL（7~8oz），采用兑、摇、搅等方法，海波杯为典型载杯，含有碳酸饮料或新鲜水果汁，水果装饰不可少，适合于任何时间饮用
	短饮类鸡尾酒	短饮是一种酒精含量高、量较少的鸡尾酒，饮用时通常可以一饮而尽，不必耗费太多的时间，如马提尼、曼哈顿等。其容量在60~80mL（2~3oz），常用摇和或调和法，载杯为鸡尾酒杯。此酒具有刺激作用，作为餐前开胃酒或餐后酒促进消化
	洛克类鸡尾酒	洛克类的容量为60~80mL（2~3oz），是将各种原料直接倒入载杯中，通常使用兑和法来调制。其载杯为典型的古典酒杯，杯中加入适量冰块是必不可少的操作程序，黑俄、古典威士忌等属于此种类型
	舒特类鸡尾酒	舒特类的容量为60mL（2oz），通常使用摇和法或兑和法进行调制。大家熟悉的彩虹鸡尾酒属于舒特类酒，特基拉快饮也被业内人士称为单层烈性舒特

（二）经典鸡尾酒构成及特点

鸡尾酒的种类繁多，调制方法各异，但任何一款鸡尾酒的基本结构都有共同之处，即由基酒、辅料和装饰物三部分组成。鸡尾酒的基本结构可以用公式来表示：鸡尾酒＝基酒＋辅料＋装饰物。最后用载杯来盛载鸡尾酒酒品。

1.基酒

基酒，又称为鸡尾酒的酒底，是鸡尾酒的主体，决定了鸡尾酒的酒品风格和特色，常用作鸡尾酒的基酒主要包括各类烈性酒，如金酒、白兰地、伏特加、威士忌、朗姆酒、龙舌兰可作为鸡尾酒的基酒，而无酒精的鸡尾酒则以软饮料调制而成。

基酒在配方中的分量比例有各种表示方法，国际调酒师协会统一以份为单位，一份为40mL。在鸡尾酒的实际操作中通常以mL、量杯（盎司）为单位。

2. 辅料

辅料是鸡尾酒调料和调味、调香、调色料的总称，它们能与基酒充分混合，降低基酒的酒精含量，缓冲基酒强烈的刺激感，其中调香、调色材料使鸡尾酒含有了色、香、味等俱佳的艺术化特征，从而使鸡尾酒的世界色彩斑斓，风情万种。

3. 载杯

在调酒行业中，酒杯俗称载杯，是用来盛载鸡尾酒酒品的杯具。鸡尾酒的载杯几乎包括所有酒品的杯具，单一的杯具无法表现鸡尾酒的特色，而且在容量上也适应不了鸡尾酒的配方要求。酒杯通常包括杯体、杯脚及杯底，有些杯子还带杯柄，根据这一特点，笔者将酒杯划分为三类：平底无脚杯、矮脚杯和高脚杯。

4. 装饰物

装饰物是鸡尾酒的重要组成部分。装饰物的巧妙运用，可有画龙点睛般的效果，使一杯平淡单调的鸡尾酒旋即鲜活生动起来，充满着生活的情趣和艺术，而且也可成为鸡尾酒典型的标志与象征。对于经典的鸡尾酒，其装饰物的构成和制作方法是约定俗成的，应保持原貌，不得随意改变，而对创新的鸡尾酒，装饰物的修饰和雕琢则不受限制，调酒师可充分发挥想象力和创造力。鸡尾酒常用的装饰材料有：

（1）樱桃（红、绿、黄色等）。

（2）咸橄榄（青、黑色等），酿水橄榄。

（3）珍珠洋葱（细小如指尖、圆形透明）。

（4）水果类。水果类是鸡尾酒装饰最常用的原料，如柠檬、青柠。菠萝、苹果、香蕉、香桃、樱桃等，可根据鸡尾酒装饰的要求切成片状、皮状、角状、块状等进行装饰。

（5）蔬果类。蔬果类装饰材料常见的有西芹条、酸黄瓜和新鲜黄瓜条、红萝卜条等。

（6）花草绿叶。花草绿叶的装饰使鸡尾酒充满自然和生机、令人倍感活力，花草绿叶的选择以小型花序、小圆叶为主，常见的有新鲜薄荷叶、洋兰等，花草绿叶的选择应清洁卫生，无毒无害，不能有强烈的香味和刺激味。

（7）人工装饰物。人工装饰物包括各类吸管（彩色、加旋形等）、搅棒、象形鸡尾酒签、小花伞、小旗帜等，载杯的形状和杯垫的花纹图案也起到了装饰和衬托的作用。

（8）调料装饰物。豆蔻粉和盐是厨房做菜用的调料。豆蔻粉有浓厚的香气，还有点儿辣，可以用来调鸡尾酒绿蚱蜢。还有一些鸡尾酒用盐边装饰，如东方鸡尾酒。

（三）鸡尾酒调制与服务

1. 鸡尾酒调制工具

在进行鸡尾酒调制时，需要借助各种调制工具来辅助完成鸡尾酒调制工作。常见调制工具及特点如表 3-4-11 所示。

表 3-4-11　经典鸡尾酒调制工具

果汁制备器 （juice maker）	制备果汁时，可按照水果的种类、用量、大小等采用不同的方法，如挤汁、压汁和榨汁等。经常使用的器具为榨汁器	
滤冰器 （strainer）	在投放冰块用调酒杯调酒时，必须用滤冰器过淀，留住冰粒后，将混合好的酒倒进载杯。滤冰器通常用不锈钢制造	
冰桶 （ice bucket）	冰桶为不锈钢或玻璃制品，为盛冰块专用容器，便于操作时取用，并能保温，使冰块不会迅速融化	
冰夹 （ice tongs）	不锈钢制，用来夹取冰块	

续表

冰铲 （ice scoop）	舀起冰块的用具，既方便又卫生	
碎冰器 （ice crusher）	把普通冰块碎成小冰块时使用的器具	
冰锥 （ice piton）	用于锥碎冰块的锥子	
波士顿调酒壶 （Boston shaker）	波士顿式调酒壶（也称为波士顿式对口杯）是由银或不锈钢制成的混合器，也有少数为玻璃制品。但常用的组合方式是一只不锈钢杯和一只玻璃杯，下方为玻璃摇酒杯，上方为不锈钢上座，使用时两座对扣嵌合即可	
标准型调酒壶 （shaker）	标准型调酒壶又叫摇酒壶，通常用不锈钢、银或锂合金等金属材料制造。目前市场常见的调酒壶分大、中、小三号。调酒壶包括壶身、滤冰器及壶盖三部分组成。用时一定要先盖滤冰器，再加上盖，以免液体外溢。使用原则为首先放冰块，然后再放入其他料，摇荡时间以不超过20s为宜。否则冰块开始融化，将会稀释酒的风味。用后立即打开清洗	

量酒器 （double jigger）	俗称葫芦头、雀仔头，是测量酒量的工具。通常为不锈钢制品，有不同的型号，两端各有一个量杯，常用的是上部 30mL、下部 45mL 的组合型，也有 30mL 与 60mL、15mL 与 30mL 的组合型	
吧匙 （barspoon）	吧匙又称"调酒匙"，是酒吧调酒专用工具，为不锈钢制品，比普通茶匙长几倍，吧匙的另一端是匙叉，具有叉取水果粒或水果块的用途，中间呈螺旋状，便于旋转杯中的液体和其他材料	
果刀 （knife）	属不锈钢制品，用以切水果片	
奶壶 （milk jug）	属不锈钢制品，用以盛淡奶	
鸡尾酒酒签 （sticks）	用以穿插各种水果点缀品。特色牙签是用塑料制成的，也是一种装饰品，也可用一般牙签代替	
杯垫 （cup mat）	垫在杯子底部，直径为 10cm 的圆垫。有纸制、塑料制、皮制、金属制等，其中以吸水性能好的厚纸为佳	

（四）鸡尾酒服务（见表3-4-12）

表 3-4-12　经典鸡尾酒调制与服务流程与标准

步骤	标准	提示
点酒	• 呈递酒单 • 向客人介绍鸡尾酒酒款 • 记录客人点单	• 打开酒单第一页，从客人右侧呈递给客人 • 记录完客人点单后，一定要再次和客人确认一遍信息，避免记录错误
调制	• 先把冰块放入威士忌冰杯中，柠檬切块榨汁备用 • 取 2/3 盎司蛋清放入摇壶中加入弹簧干摇 30s 至蛋清起泡 • 取出弹簧加入 2/3 盎司糖浆、3/4 盎司新鲜柠檬汁、1.5 盎司威士忌，摇和 20s 至摇壶表面挂霜 • 取下壶盖，用食指扣住过滤网，将其中已调好的鸡尾酒滤入威士忌杯，冰块则留在壶内 • 取装饰签穿上橙片和黑樱桃横架在威士忌杯面上	• 鸡蛋清需干摇至起泡 • 倒出酒体时需使用滤网过滤泡沫使其泡沫更加细腻均匀
服务	酒水上台并介绍，在客人右边送上鸡尾酒，并说明品名	• 按照西方习俗一般是女士优先，年长者优先，先宾后主 • 在服务鸡尾酒时，酒杯下需要垫上杯垫

→ **实训实施**

一、茶冲泡与服务

（一）实训要求（见表3-4-13）

表 3-4-13　茶冲泡与服务模拟实训要求

实训场景	咖啡 & 茶吧来了两位客人，客人没有提前预订，需要服务员上前询问需求及推荐茶品
实训准备	茶具、茶台、多种茶叶、水、电水壶、茶艺服等
角色扮演	两人一组，一名学生扮演茶艺师，一名学生扮演客人，模拟完成茶服务

实训规则与要求	要求学生掌握正确的茶叶冲泡器皿选用、冲泡水温、冲泡比例、冲泡方法及次数等茶叶冲泡基本要点
模拟实训评分表	如表 3-4-14 所示

（二）实训考核

表 3-4-14　茶服务模拟实训评分

评分项目	评分标准	分值	得分
准确识别茶叶的类型	• 外形识别：观察干茶形状、色泽、匀整度 • 香气鉴别：通过干闻和湿闻判断香型 • 汤色预判：根据茶叶类型准确预估茶汤颜色 • 滋味预判：结合产区、工艺推断口感特点 • 类型判定：明确所属茶类（绿茶 / 红茶 / 乌龙茶等）	10	
茶具选择	• 主茶具匹配：按茶类选择盖碗 / 紫砂壶 / 玻璃壶等 • 辅助器具完整性：配备茶则、茶漏、公道杯等 • 材质适配性：避免影响茶汤风味（如紫砂壶不适合绿茶） • 卫生标准：器具无破损、无污渍	8	
泡茶用水准备	• 水质要求：使用软水或纯净水 • 水温控制：精准调控至目标温度（±2℃） • 水量把控：根据容器容量确定用水量	7	
确定冲泡茶量	• 茶与水的比例：严格按茶类标准（如 1：50/1：20） • 称量精准度：使用电子秤称量（误差 ≤ 0.5g） • 投茶手法：轻缓投入，避免碎茶	7	
冲泡方法选择与操作	• 温具醒茶：按流程温杯、润茶 • 注水手法：水流稳定，角度适宜 • 浸泡时间：首泡时间精准控制（±5s） • 出汤技巧：沥干茶汤，无残留 • 二次冲泡调整：根据茶汤浓度调整时间	30	
对客服务礼仪	• 仪容仪表：制服整洁、淡妆、手部清洁 • 服务姿态：站立 / 行走规范，微笑服务 • 沟通用语：使用双语（中英）介绍茶品 • 递茶礼仪：双手奉茶，杯柄朝向客人右侧 • 应急处理：及时清理溅出的茶汤	20	

评分项目	评分标准	分值	得分
综合呈现	•茶汤质量：色泽透亮，滋味协调 •器具摆放：布局美观，符合美学标准 •操作流畅度：无多余动作，时间控制在规定范围内 •整体氛围营造：通过音乐、环境提升体验感	18	
总分		100	
教师评价：			

二、意式咖啡制作与服务

（一）实训要求（见表3-4-15）

表3-4-15　意式咖啡制作与服务模拟实训要求

实训场景	大堂吧来了两位客人，客人没有提前预订，需要服务员上前询问需求及推荐饮品
实训准备	器具准备：意式半自动咖啡机1台、咖啡杯2套、水杯1组、咖啡勺2把、拉花缸2个、抹布若干、清洁毛刷2把、托盘2个、咖啡菜单1份、点单/收银夹1个、笔2支 物料准备：意式咖啡豆1包、牛奶1盒、巧克力酱1盒、饮用水1壶
角色扮演	三位同学一组，2人扮演客人，1人扮演服务员，模拟完成意式咖啡服务
实训规则与要求	•为前来的客人推荐饮品并点单 •按照客人点单内容制作饮品 •按照客人点单要求及服务标准流程正确呈送咖啡 •按照操作卫生要求完成清洁工作
模拟实训评分表	如表3-4-16所示

（二）实训考核（见表 3-4-16）

表 3-4-16　意式咖啡制作与服务模拟实训评分

评分项目	评分标准	分值	得分
设备准备与清洁	• 咖啡机、磨豆机、器具清洁无污渍，无残留咖啡粉或油脂 • 工作台面整洁，工具摆放有序	8	
咖啡豆选择与研磨	• 根据咖啡类型选择正确烘焙度的豆子（如浓缩咖啡用深烘焙） • 研磨粗细均匀，符合萃取要求（误差 ≤ 0.5mm）	10	
咖啡萃取	• 填压力度适中（30~40kg/cm²），表面平整 • 萃取时间精准（25~30s），流速稳定 • 咖啡液量符合标准（30~45mL）	20	
奶泡制作	• 牛奶温度控制在 60~65℃，无烧焦或过冷 • 奶泡细腻绵密，厚度 ≤ 1cm，无大气泡 • 融合均匀，表面光滑	15	
咖啡组合与拉花	• 咖啡与奶泡比例协调（如卡布奇诺 1：1） • 拉花图案清晰完整（如心形、树叶） • 液面无分层或杂质	20	
服务礼仪	• 仪容仪表整洁，操作姿态规范 • 使用双语（中英）介绍咖啡（名称、特点） • 杯具无指纹，装饰美观（如撒可可粉）	15	
综合呈现	• 咖啡口感平衡（酸度、苦度、甜度协调） • 余韵悠长，无酸涩或焦煳味 • 出品温度适宜（55~65℃）	12	
总分		100	
教师评价：			

三、鸡尾酒调制与服务

（一）实训要求（见表 3-4-17）

表 3-4-17　经典鸡尾酒调制模拟实训要求

实训场景	酒吧来了两位客人，客人没有提前预订，需要服务员上前询问需求及推荐两款经典鸡尾酒（参考 IBA 经典鸡尾酒）
实训准备	酒水、英式摇壶、量杯、吧匙、滤冰器、鸡尾酒载杯等调酒工具
角色扮演	三位同学一组，2 人扮演客人，1 人扮演服务员，模拟完成经典鸡尾酒调制
实训规则与要求	1. 为前来的客人推荐经典鸡尾酒并点单 2. 按照客人点单内容调制经典鸡尾酒 3. 按照客人点单要求及服务标准流程服务鸡尾酒 4. 按照操作卫生要求完成清洁工作
模拟实训评分表	如表 3-4-18 所示

（二）实训考核

表 3-4-18　经典鸡尾酒调制模拟实训评分

评分项目	评分标准	分值	得分
设备与工具准备	• 调酒壶、量杯、吧勺等器具清洁无污渍 • 工作台面整洁，原料摆放有序 • 装饰物新鲜无变色	8	
原料选择与配比	• 按配方准确选择基酒、辅料及装饰物 • 量取精准（误差 ≤ 0.5mL） • 糖浆 / 果汁现榨现用	15	
调制方法与技巧	• 摇和 / 搅拌手法规范（时间精准，动作连贯） • 冰杯 / 温杯操作符合标准 • 滤冰无杂质残留	20	
装饰与呈现	• 装饰物与酒体风格匹配（如柠檬角、樱桃） • 杯口装饰美观（盐边 / 糖边均匀） • 杯具无指纹，酒液无溢出	15	
服务礼仪与沟通	• 仪容仪表整洁，操作姿态优雅 • 使用双语（中英）介绍鸡尾酒（名称、特点） • 递酒时杯垫 / 纸巾配套齐全	15	

续表

评分项目	评分标准	分值	得分
整体质量	• 口感平衡（酸、甜、苦比例协调） • 香气层次分明，无异味 • 出品温度适宜（8~12℃）	12	
安全与卫生	• 操作过程无洒漏，及时清理台面 • 废弃原料分类处理 • 无违规使用火源或尖锐器具	5	
创新设计	• 个性化服务设计（如特色鸡尾酒调制与服务） • 特色语言表达（如用地方方言介绍特色酒水）	10	
总分		100	
教师评价：			

项目四
赛事团队沟通协作

任务 1　团队组织与职责

学习目标

1. 熟悉酒店服务赛事中常见项目团队类型、特点及主要工作任务。

2. 熟悉酒店服务赛事中常见项目团队的构成及职能分工。

3. 掌握项目团队职能分工的规范与要求，能够根据项目任务快速、高效组建项目团队，并进行有效项目分工和协作。

知识准备

一、酒店服务赛事常见项目团队类型及特点

（一）前厅服务项目团队类型及特点

1. 前厅服务项目团队类型

（1）宾客接待小组。在酒店服务赛事里，这是参赛选手与模拟宾客最先接触的环节。小组成员不仅要熟练掌握各类酒店预订系统的操作，快速准确地为宾客办理入住登记，包括录入身份信息、核对预订详情、分配合适房间等，还

要在退房结账时，清晰明了地向宾客展示消费明细，处理可能出现的费用争议。此外，除了接待散客以外，宾客接待小组还需要具备同时接待多人（团队）的能力，需在短时间内为多位宾客同时办理入住，既要保证流程的高效，又要确保信息准确无误（见图 4-1-1）。

图 4-1-1　宾客入住接待

（2）礼宾服务小队。在赛事模拟场景中，礼宾员要主动上前迎接宾客，用规范且热情的动作打开车门、协助搬运行李，并根据宾客的出行需求与目的，精准地安排合适的接送车辆，出租车、网约车、酒店的专属接送巴士面对宾客关于当地旅游景点、特色美食、交通出行、消费购物等方面的咨询，都能给出详细且专业的建议（见图 4-1-2）。

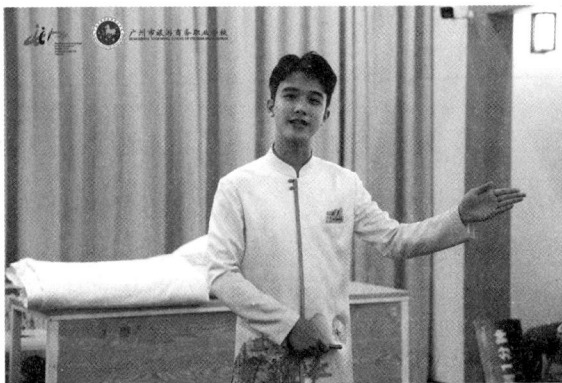

图 4-1-2　礼宾指引服务

（3）客户关系维护组。主要负责处理赛事中各类模拟投诉和客户关系维护工作。遇到宾客对服务不满意的情况时，客户关系维护小组成员需耐心倾听，运用专业的沟通技巧安抚宾客情绪，深入了解问题根源，协调相关部门迅速解决问题。赛后，还要求通过电话回访、在线问卷、电子邮件等方式收集宾客反馈，对服务质量进行评估和改进，提升宾客的满意度和忠诚度（见图4-1-3）。

图4-1-3　客户关系维护

2. 前厅服务项目团队特点

（1）形象展示力。在酒店服务赛事这个舞台上，前厅服务团队成员的每一个微笑、每一个手势、每一句问候都被放大审视。他们身着整洁得体的制服，时刻保持良好的精神面貌，以优雅的姿态和亲切的态度迎接每一位模拟宾客，为酒店树立起优质的第一印象，这直接影响着评委对整个酒店服务水平的初步判断。

（2）应变能力。赛事中会设置各种突发状况考验选手，如突然接到大量宾客提前到达的通知，或者部分预订信息出现错误。前厅服务团队必须迅速做出反应，灵活调整房间分配、人员调配等工作安排，确保宾客的需求得到妥善满足，展现出高效的应变能力。

（3）沟通交流能力。在与不同背景的模拟宾客互动时，前厅团队需要精准理解他们的需求，用简洁明了、礼貌热情的语言进行回应。

（二）客房服务项目团队类型及特点

1.客房服务项目团队类型

（1）客房清洁班组。在酒店服务赛事模拟环境中，客房清洁班组要严格按照高标准的清洁流程操作。从整理床铺时的床单平整、被角折叠，到卫生间的深度清洁，包括马桶、浴缸、洗手台的消毒擦拭，每一个细节都需做到极致。同时，还要注意物品的摆放规范（见图4-1-4）。

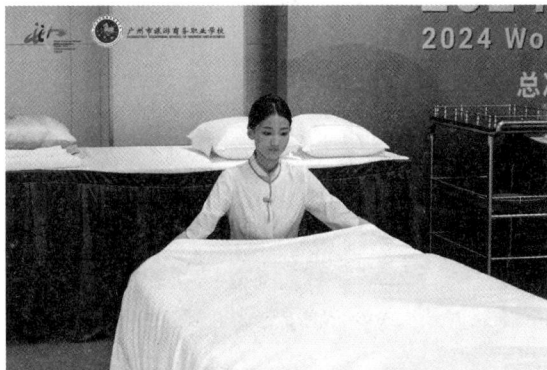

图 4-1-4　中式铺床服务

（2）客房专属服务小组。在赛事场景中，可能会遇到宾客要求提供特殊的枕头、额外的毛毯，或者紧急维修设施设备等情况。小组成员要迅速行动，在规定时间内满足宾客需求，展现出高效的服务效率和贴心的服务态度（见图4-1-5）。

图 4-1-5　个性化夜床服务

（3）客房质量检测团队。依据酒店服务赛事的评分标准，对客房的清洁质量、物品配备、设施设备运行状况等进行细致检查。在检查过程中，不放过任何一个细微问题，如地板上的毛发、家具上的污渍、设备的轻微故障等，并及时记录反馈，督促整改，确保每一间客房都符合高品质的服务标准。客房质量检测团队的成员可以是客房部或者前厅部的管理层（见图4-1-6）。

图 4-1-6　客房质量检查

2. 客房服务项目团队特点

（1）细节关注能力。客房服务的细节直接关系到宾客的居住体验，在赛事中更是评判的关键。每一个整理床铺的动作、每一次清洁擦拭的力度、每一件物品的摆放位置，都体现着团队对细节的严格把控，任何一个小瑕疵都可能影响最终的评分。

（2）随机应变能力。根据赛事模拟的宾客入住和退房时间，客房团队要灵活调整工作时间和流程。有时可能需要在短时间内完成大量房间的清洁整理，有时又要应对宾客临时的延迟退房或提前入住需求，这就要求团队具备高度的灵活性和应变能力。

（3）个性化关怀能力。始终将宾客的需求放在首位，酒店通常会保存客史资料，其中详细记录了宾客的需求。客房部员工可以根据这些记录，提前为宾客提供有针对性的个性化服务，如提前更换宾客喜爱的枕头或在生日和纪念日时精心布置主题客房等。个性化的客房服务是提升住店宾客满意度的重要途径之一。

（三）餐饮服务项目团队类型及特点

1. 餐饮服务项目团队类型

（1）厨房烹饪团队。在酒店服务赛事的餐饮环节，厨师长带领团队负责菜品的研发创新和烹饪制作。根据赛事主题和模拟宾客的需求，设计出既美味可口又具有创意的菜品。在烹饪过程中，严格控制食材的采购、加工和烹饪环节，确保菜品的质量、口味和出餐速度。

（2）餐厅服务团队。在餐厅的日常运营服务管理中，从宾客进门时的热情迎接、引导就座，到点菜时的专业推荐、准确记录，再到上菜时的规范操作、礼貌服务，每一个环节都需要严格遵循服务流程。在席间，及时为宾客添加饮品、更换骨碟，关注宾客的用餐感受，确保宾客拥有愉悦的用餐体验。当宾客在用餐过程中出现特殊状况，能够及时、高效地进行处理，确保宾客的满意度（见图 4-1-7~ 图 4-1-10）。

图 4-1-7　餐饮服务准备

图 4-1-8　餐饮迎接服务

图 4-1-9　餐饮用餐服务

图 4-1-10　餐饮酒水服务

（3）餐饮物资采购团队。在赛事筹备阶段，根据餐饮服务的需求，制定详细的采购计划，一般会以当地的食材为主，体现地方特色。严格筛选食材供应商，确保采购的食材新鲜、安全、优质，同时合理控制采购成本。在采购餐具、调料等物资时，注重品质和适用性，保障餐饮服务的顺利进行。

2. 餐饮服务项目团队特点

（1）精湛的专业厨艺。厨房烹饪团队成员须具备扎实的烹饪技巧和丰富的美食知识，能够熟练运用各种烹饪方法和食材，根据不同的口味需求和饮食文化，制作出多样化的菜品。在赛事中，精湛的厨艺是赢得评委青睐的关键。

（2）规范的服务流程。餐厅服务团队严格按照标准化的服务流程操作，从问候语的使用、引导手势的规范，到上菜顺序的讲究、席间服务的细节，每一个环节都体现出专业的服务水平，这也是赛事评分的重要依据。

（3）高效的团队协作。餐饮服务的各个环节紧密相连，从食材采购到厨房烹饪，再到餐厅服务，需要团队成员之间密切配合、协同作战。任何一个环节出现问题，都可能影响整个餐饮服务的质量，因此高效的团队协作至关重要。

（四）酒店综合服务（含前厅、客房、餐饮等部门）项目团队类型及特点

1. 酒店综合服务（含前厅、客房、餐饮等部门）项目团队类型

（1）大型活动专项接待团队。当酒店承接大型赛事活动时，该团队迅速整合各部门资源，为赛事提供全方位的服务。在赛事筹备阶段，制定详细的接待方案，包括前厅的快速入住登记流程、客房的特色布置、餐饮的定制菜单等。在活动期间，各部门协同工作，确保赛事的顺利进行。

（2）贵宾专属接待团队。在重要贵宾、高端商务客人等群体接待中，可以根据贵宾的特殊需求和喜好，量身定制个性化的服务方案。从前厅的专属接待通道、客房的豪华布置，到餐饮的私人定制菜单，每一个环节都体现出高端、专属的服务品质。

2. 酒店综合服务（含前厅、客房、餐饮等部门）项目团队特点

（1）协同合作性。各部门之间打破壁垒，紧密协作，实现信息的快速流通和工作的无缝对接。在赛事接待过程中，前厅及时将宾客的特殊需求传达给客房和餐饮部门，客房和餐饮部门根据需求提供相应的服务，共同为宾客打造优质的服务体验。

（2）个性化的服务定制。深入了解活动或宾客的特殊需求，从接待流程、房间布置到餐饮安排，都进行精心策划和个性化定制。

（3）应急处理能力。面对大型活动或贵宾接待过程中的各种突发状况，如设备故障、人员突发状况等，能够迅速协调各部门资源，采取有效的应对措施。在赛事中，这是考验团队综合能力的重要方面，快速解决问题的能力直接关系到赛事的顺利进行和宾客的满意度。

二、酒店服务赛事常见项目团队构成与职责划分

（一）前厅服务项目团队构成与职责划分

1. 前厅服务项目团队构成

一般由前台接待员、礼宾员、大堂副理、客户关系专员等专业人员组成。

2. 前厅服务项目团队分工

（1）前台接待员。在酒店服务赛事中，负责快速准确地为模拟宾客办理入住登记手续，包括核实身份信息、确认预订细节、分配房间等。同时，熟练操作酒店预订系统，处理预订变更、取消等情况。在退房结账时，清晰地向宾客展示消费明细，解答宾客关于费用的疑问，确保结账流程顺畅。

（2）礼宾员。主动迎接宾客，用规范的动作协助搬运行李，将行李安全送达房间。根据宾客的出行需求，及时安排合适的接送车辆，并提供出行建议。在赛事模拟场景中，还要为宾客提供旅游信息咨询服务，如推荐当地的旅游景点、美食餐厅、交通路线等。

（3）大堂副理。负责处理赛事中模拟宾客的各类投诉和突发问题，协调各部门资源，快速解决宾客的困扰。维护大堂的秩序和良好氛围，确保大堂环境整洁、舒适，为宾客提供优质的接待环境。在赛事期间，还要与其他部门密切沟通，确保各项服务的顺利衔接。

（4）客户关系专员。在赛事前后，通过电话回访、在线问卷等方式收集宾客反馈，了解宾客对服务的满意度和改进建议。建立和完善客户档案，记录宾客的特殊需求和偏好，为后续的服务提供参考。策划并开展客户关系维护活动，提升宾客的忠诚度和满意度。

（二）客房服务项目团队构成与职责划分

1. 客房服务项目团队构成

一般包括客房服务员、客房主管、客房质检员、客房服务中心文员等。

2. 客房服务项目团队分工

（1）客房服务员。承担客房的日常清洁工作，包括整理床铺、更换床上用品和毛巾、清扫卫生间、擦拭家具等。在赛事模拟场景中，要按照高标准的清洁流程操作，确保客房环境的整洁、舒适。同时，根据宾客需求，提供客房内的各类服务，如送餐服务、物品借用等，在规定时间内完成服务任务。

（2）客房主管。全面统筹安排客房服务工作，合理分配客房服务员的工作任务，根据宾客入住情况和赛事要求，灵活调整工作安排。严格监督客房服务员的工作质量，定期进行检查和评估，确保服务标准的执行。及时处理宾客提出的特殊需求和投诉，协调相关部门解决问题。

（3）客房质检员。依据酒店服务赛事的评分标准，对客房的清洁程度、物品配备的完整性、设施设备的运行状况等进行细致检查。在检查过程中，详细记录发现的问题，提出改进意见和建议，并跟踪整改情况，确保每一间客房都符合高品质的服务标准。

（4）客房服务中心文员。负责接听宾客的服务需求电话，详细记录宾客的要求，并迅速传达给相关人员。跟进服务的完成情况，及时向宾客反馈处理结果，确保宾客的需求得到妥善解决。在赛事期间，还要与其他部门保持密切沟通，协调客房服务与其他服务环节的衔接。

（三）餐饮服务项目团队构成与职责划分

1. 餐饮服务项目团队构成

一般由厨师长、厨师、餐厅服务员、餐饮主管、采购专员等组成。

2. 餐饮服务项目团队分工

（1）厨师长。在酒店服务赛事的餐饮环节，全面负责厨房的管理工作。制定菜单和菜品研发计划，根据赛事主题和模拟宾客的需求，设计出具有创意和特色的菜品。监督厨房各岗位的工作，协调食材准备、菜品烹饪等环节，保证出餐的效率和质量。在赛事中，还要展示出卓越的团队领导能力和创新能力。

（2）厨师。按照菜单和烹饪标准，精心制作各类菜品，注重菜品的口味、色泽和造型。在赛事中，要在规定时间内完成菜品的制作，展示出精湛的厨艺。协助厨师长进行食材的采购验收和储存管理，确保食材的新鲜度和质量。

（3）餐厅服务员。在赛事模拟餐厅场景中，热情迎接宾客，引导宾客就座，用专业的知识为宾客推荐菜品，准确记录宾客的点菜需求。熟练地进行上菜服务，注意上菜顺序和礼仪，在席间及时为宾客提供服务，满足宾客的用餐需求。礼貌地为宾客办理结账手续，提供优质的用餐体验。

（4）餐饮主管。负责餐厅的日常运营管理，监督餐厅服务员的工作表现，确保服务质量。及时处理宾客的投诉和问题，协调餐厅与厨房之间的工作衔接，保障餐饮服务的顺利进行。在赛事期间，还要根据赛事要求和宾客反馈，不断优化餐饮服务流程和质量。

（5）采购专员。根据餐饮部门的需求，制订详细的采购计划，在赛事筹备阶段，严格筛选食材供应商，确保采购的食材新鲜、安全、优质，同时合理控制采购成本。采购餐具、调料等物资时，注重品质和适用性，保障餐饮服务的顺利进行。在赛事期间，还要根据实际需求及时调整采购计划，确保物资供应的及时性。

（四）酒店综合服务（含前厅、客房、餐饮等部门）项目团队构成与分工

1.酒店综合服务（含前厅、客房、餐饮等部门）项目团队构成

一般由项目经理、各部门抽调的骨干人员、后勤保障人员等组成。

2.酒店综合服务（含前厅、客房、餐饮等部门）项目团队分工

（1）项目经理。全面负责项目的策划、组织、协调和管理工作，在赛事筹备阶段，制定详细的项目服务方案，明确各部门的职责和任务。与客户进行密切沟通，了解客户需求，根据赛事要求和客户反馈，及时调整服务方案。协调各部门之间的工作，确保项目的顺利推进，在赛事期间，还要对整个服务过程进行监督和评估，及时解决出现的问题。

（2）各部门骨干人员。按照项目要求，充分发挥本部门的专业优势，负责本部门相关服务工作的具体执行。前厅骨干负责优化接待流程，提高接待效率和质量；客房骨干负责精心布置房间，提供个性化的客房服务；餐饮骨干负责策划餐饮服务，设计特色菜单，确保餐饮服务的品质。

（3）后勤保障人员。负责活动现场的设备设施保障，确保音响、灯光、舞台等设备的正常运行，在赛事期间，及时处理设备故障，保障活动的顺利进行。提供物资供应服务，保障活动所需物资的充足供应，合理管理物资库存。负责活动现场的安全保卫工作，维护现场秩序，确保活动安全顺利进行。

➡ **实训实施**

一、团队项目组织实训

（一）实训要求（见表4-1-1）

表4-1-1　团队项目组织实训要求

实训场景要求	综合场景：模拟酒店承接大型活动或接待重要贵宾的场景，整合前厅、客房、餐饮等部门的服务。要求各部门实训人员协同工作，完成从客人接待、入住安排、餐饮服务到活动组织等一系列任务，应对活动现场设备故障、客人突发身体不适等复杂状况
实训工具要求	• 前厅工具：配备酒店预订系统模拟软件、电话、打印机、复印机、行李车、雨伞架、旅游宣传资料等 • 客房工具：各类清洁工具，如扫帚、拖把、吸尘器、清洁剂等，床上用品、毛巾、洗漱用品、客房服务车、维修工具包等 • 餐饮工具：厨房烹饪设备，如炉灶、烤箱、蒸锅等，餐具、厨具、菜单、点餐平板电脑、送餐车等 • 综合工具：活动策划方案模板、活动现场布置道具、急救箱、对讲机等用于团队沟通协作的设备
实训角色扮演要求	• 分组扮演：每个小组内的成员分别扮演相应岗位角色，如前厅组的前台接待员、礼宾员、大堂副理等；客房组的客房服务员、客房主管、客房质检员等；餐饮组的厨师、餐厅服务员、餐饮主管等 • 角色演绎：扮演"客人"的实训人员要充分展现不同类型客人的特点和需求，提出多样化的问题和要求。扮演酒店服务人员的实训人员要严格按照岗位职责和服务流程进行操作，运用专业的服务技巧和沟通方式应对各种情况，展现出良好的团队协作精神

实训规则要求	• 流程规范：实训人员必须严格按照酒店服务标准流程进行操作，如前厅接待流程、客房清洁流程、餐饮服务流程等，不得随意简化或省略步骤 • 时间限制：对各项服务任务设定时间限制，如办理入住登记时间、客房清洁时间、上菜时间等，考核实训人员的工作效率 • 沟通协作：强调各部门之间、各岗位之间的沟通协作，信息要及时传递和共享。出现问题时，要共同协商解决，不得推诿责任 • 总结反思：每个实训场景结束后，小组进行内部讨论，总结经验教训，分析存在的问题及改进措施。实训结束后，每位实训人员提交实训报告，总结自己在实训中的收获和不足
实训评分表	如表 4-1-2 所示

（二）实训考核

表 4-1-2　团队项目组织实训评分

评分项目	评分标准	分值	得分
项目服务团队组建与分工	• 团队组建合理，成员搭配符合岗位需求 • 分工明确清晰，职责界定准确，成员对自身职责理解透彻	20	
服务流程执行	严格按照标准服务流程操作，无遗漏和错误	20	
团队协作能力	团队成员之间沟通顺畅，协作紧密，能有效解决问题	20	
问题解决能力	面对各类突发问题和客人需求，能迅速、合理地解决	20	
服务态度与礼仪	服务态度热情、主动、耐心，遵守礼仪规范	10	
实训报告质量	实训报告内容翔实，总结深刻，对实训中的问题和改进措施有清晰阐述	10	
总分		100	
教师评价：			

任务 2　团队协作与沟通

学习目标

1. 了解项目服务团队有效沟通的重要性。
2. 掌握项目服务团队有效沟通的方法与技巧。
3. 掌握项目服务团队冲突处理的基本方法。

知识准备

团队协作与沟通能力是决定比赛成绩的关键因素，直接体现团队的专业素养和综合实力。优质服务源于精准高效的沟通与紧密协作，从客人抵店到离店的每个环节都需要团队默契配合，才能提供连贯优质的服务体验，获得评委认可。

一、项目服务团队有效沟通的重要性

（一）洞察宾客需求，优化服务流程

酒店前厅接待的客人文化背景各异，需求差异显著。例如，商务客人注重高效的入住流程、安静的住宿环境、完备的办公设施。高效的团队协作与沟通机制，使服务团队能精准识别多样化客群需求，快速响应并满足客户期待，显著提升服务效能。

【补充材料 1】

入住接待沟通（A：酒店前厅接待员；B：顾客）

A："（微笑，用中文）下午好，先生！欢迎光临华庭大酒店。请问有什么可以帮您的？"

B："（微笑）你好！我是约翰·史密斯，预订了本周文化节期间的房间。"

A："（快速查看系统）好的，史密斯先生。让我核对一下您的信息……是的，豪华套房入住五晚，3月17日离店。请出示您的护照和信用卡以便登记，好吗？"

B："（递上证件）给你。另外，我想用现金支付押金可以吗？"

A："（点头）当然可以！押金是2000元人民币，离店时会退还给您。（打印表格）请在这里签字，我帮您办理付款。"

B："（签字）谢谢。对了，我在哪里可以获取文化节活动的信息？"

A："（递上房卡和资料袋）您的房间在18楼1808号。文件夹里有Wi-Fi密码和活动日程表。主会场离酒店步行仅需10min——需要我为您预约明天开幕式的出租车吗？"

B："（接过资料）那太好了！早餐几点开始供应？"

A："（微笑）早餐在花园咖啡厅，时间是早上6：30到10：00。您还需要叫醒服务或旅游推荐吗？"

B："（摇头）暂时不需要，谢谢你的帮助！"

A："（递上行李牌）这是我的荣幸，史密斯先生！祝您入住愉快，有任何需求请随时联系我们。（指向电梯）电梯在您左手边，祝您有个美好的夜晚！"

B："（挥手）再次感谢！"

酒店服务是一个由前厅、客房、餐饮等多部门组成的有机整体，各部门的高效协作是确保赛事接待质量的关键。在接待过程中，前厅部门需及时将客人的基本信息和特殊需求传递给相关部门：客房部根据接收到的客人睡眠习惯、温度偏好等信息进行个性化房间布置；餐饮部则需针对客人的饮食禁忌和特殊餐食要求提前准备相应的食材和菜单。这种跨部门的精准信息传递和快速响应机制，能够确保服务流程的无缝衔接，为客人提供全方位、高品质的住宿体验，从而在赛事评比中展现出团队的专业服务水准。

【补充材料2】

班前会沟通（A：宴会厅负责人；B：西餐厅负责人；C：客房部负责人；

D：大堂吧负责人／接待任务总负责人）

D："各位员工，下面召开班前会，首先进行仪容仪表检查。"（所有员工进行仪容仪表展示）"仪容仪表状态甚佳，请继续保持。"

A\B\C："收到！"

D："由于我酒店非遗文化主题设计独具特色，所以成功获得2024年中国非遗文化年会项目的承办资格。本次接待要求我们通过中餐宴会、西餐、房务、大堂吧等呈现优质服务。以二十四节气中的春分、小满、秋分和冬至为主线，聚集春、夏、秋、冬四季华彩。融入皮影、面塑、绒花等元素为酒店赋能，展现创新与个性化服务。"

"客人将于1h后到达，现在进行任务分工。"

D："春分（宴会厅负责人），你负责宴会接待服务。"

A："收到！"

D："小满（西餐厅负责人），你负责西餐厅接待服务。"

B："收到！"

D："秋分（房务负责人），你负责客房准备与布置。"

C："收到！"

D："大堂吧由我负责。房务部立刻行动准备房间，务必确保在宾客抵达前准备好房间。中餐厅和西餐厅随时做好服务准备。大堂吧将提前准备好欢迎饮品。"

D："各部门是否还有问题？如果没有问题，希望各部门全力以赴，紧密合作，充分展现团队合作精神，同时注意操作安全与卫生。"

D："班前会结合！各自就位，准备迎接宾客！"

（二）促进团队成员了解，凝聚团队核心力量

在赛事筹备阶段，团队成员通过深入交流建立信任关系。日常沟通中，成员们分享专业经验、工作心得和个人特长，这种互动既能消除陌生感，又能明确各自优势，为后续协作打下基础。良好的沟通氛围能有效调动成员积极性，当个人建议获得认可时，将显著增强成就感和团队归属感。在服务方案讨论环节，鼓励成员畅所欲言，通过思想碰撞共同优化服务质量。

（三）应对突发情况，确保服务质量

赛事过程中随时可能遭遇各类突发状况，包括设备故障（如电梯停运、厨房设备损坏）或人员缺勤（如员工突发疾病）等。面对突发情况，团队成员必须保持高效沟通：第一时间通过内部通信系统报告问题，快速明确责任分工，协同制定解决方案。这种快速响应机制能最大限度降低突发事件的影响，确保赛事服务不被中断。

【补充材料3】

突发情况处理沟通（A：前厅接待员；B：顾客；C：值班经理）

A："（注意到B的异样）史密斯先生，您感觉还好吗？您的脸色看起来有点苍白。"

B："（勉强微笑，手撑柜台）我……我需要坐下。能给我一杯水吗？我今天早上没吃早餐……"

A："（立即按呼叫铃并切换中文）辛迪，史密斯先生头晕！请速送一杯蜂蜜水和葡萄糖片到前台！（转向B）先生，我们扶您到那边沙发休息好吗？"

C："（快步上前，用英语）下午好，史密斯先生。我是值班经理辛迪。我们为您准备了含糖饮品。（递上温水和饼干）请先喝一口。您有低血糖病史吗？"

B："（小口喝水，气色稍缓）是的，我今天忘记带零食了。（指资料袋）能帮我保管一下护照吗？我怕拿不稳。"

A："（收好证件并递上热毛巾）当然可以，先生。您的房卡已经准备好，稍后我们会完成入住手续。"

C："（观察B的状态）需要为您叫医生吗？酒店有值班医生。"

B："（摇头）不用了，休息10分钟就好。（看向电梯方向）有安静的地方可以去吗？"

C："当然！我们送您到2楼贵宾休息室，那里有躺椅和茶点。（对A）莉莉，请将史密斯先生的行李直接送至房间，并邮件发送入住确认。"

A："（点头）明白。我会在系统里标注他的饮食偏好——需要在房间准备果盘和零食吗？"

C："（微笑）想得很周到。史密斯先生，需要调整明天的叫醒服务吗？我们可以按您的时间送餐到房。"

B："（起身致谢）你们真好。我先去休息室。（掏出手机）还有，今晚的开幕式我还能参加吗？"

C："（递上备用糖果）当然！我们会安排7点的车接您，车上会准备简餐。有任何需要请随时联系我。"

B："（挥手跟随行李员离开）再次感谢，你们救了我！"

A："（对C）需要通知餐厅准备高蛋白晚餐吗？"

C："（点头）是的，并在所有部门备注：史密斯先生入住期间需随时获取含糖食品。"

二、项目服务团队有效沟通的方法与技巧

项目服务团队沟通与协助示意如图4-2-1所示。

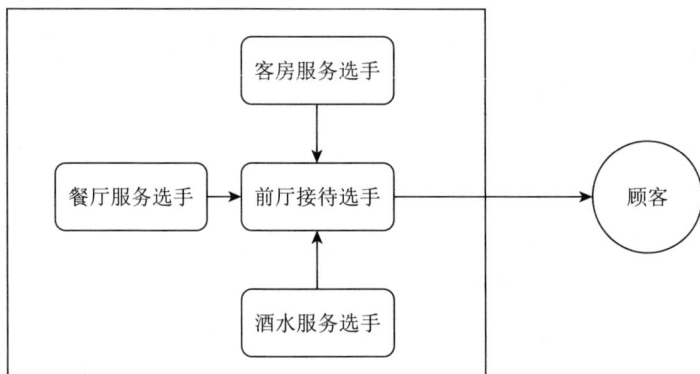

图4-2-1　项目服务团队沟通与协助示意

（一）语言沟通

在赛事服务场景中，语言表达的清晰简洁是与客人和团队成员有效沟通的关键。团队成员应避免使用模糊不清、容易产生歧义的词汇和句子结构，确保每一个信息都能被对方准确理解。

【补充材料4】

酒店服务沟通（A：前厅接待员；B：顾客；D：西餐厅经理）

A："（递上房卡，微笑）史密斯先生，您的房间已准备好。需要为您安排叫醒服务或机场接送吗？"

B："（皱眉看手表）其实，能帮我准备明天的打包早餐吗？我的航班7点30分起飞，我需要在6点15分前出发。"

A："（迅速记录）当然可以！您需要哪种套餐？我们提供欧陆式或中式选择。"

B："（思索）欧陆式吧，三明治、水果和一瓶水。哦对，无糖黑咖啡。"

A："（复述）欧陆式早餐包：三明治、水果、水和无糖黑咖啡，早上6点前送至前台。（拿起对讲机）戴安娜，我是前台的莉莉。1808房史密斯先生需要明早6点的打包早餐，能确认吗？"

D："（背景音）收到，莉莉。我会亲自准备并确保5点50分前到位。需要给咖啡配保温袋吗？"

A："（对B）餐饮部经理问您是否需要保温杯保持咖啡温度。"

B："（惊喜）那太好了！非常感谢。"

A："（点头）没问题，先生。我们还会设置5点30分的叫醒服务。需要将行李寄存到礼宾部吗？"

B："（摇头）我今晚自己打包。能安排6点15分的出租车吗？"

A："（在系统标注）已安排，司机将在正门等候。（递上早餐券）这是您的餐券，取餐时出示即可。"

B："（接过券）你们效率真高！晚安。"

A："（鞠躬）晚安，史密斯先生，祝您好梦。"

次日清晨6：00

D："（提着保温箱走向前台）早，莉莉。史密斯先生的早餐：火鸡三明治、混合莓果、矿泉水和保温杯装咖啡。（打开检查）温度保持良好，还额外放了能量棒以防万一。"

A："（核对清单）完美。我把它放在保温柜里。（看时钟）他15min后下来。需要附上手写的出发提示吗？"

D:"（微笑）已经放在袋子里了。祝你今天顺利！"

B:"（匆匆走向前台）早上好！我的早餐……"

A:"（双手递上保温袋）已经准备好了，史密斯先生。您的出租车在等候。（轻声）袋子里的便签有登机口和时间——我们今早确认过航班状态。"

B:"（打开惊喜）哇，还有新鲜苹果！你们考虑得真周全。再次感谢！"

A:"（目送离开）祝您旅途平安！我们会按您的要求将行李直接送往机场。"

（二）非语言沟通

在酒店服务中，肢体语言作为非语言沟通的核心载体，能通过直观高效的信息传递机制，显著提升客户服务场景中的协作效率与沟通精度。接待人员应保持自然微笑，配合标准手势：引导时右手平伸，掌心向上，身体微侧15°，与客人保持0.8~1.2m的舒适距离。具体操作需注意三个要点：第一，目光接触要适度，每次3~5s为宜；第二，手势幅度控制在肩宽范围内；第三，站姿挺拔但不僵硬。这些细节既能展现专业素养，又能让客人感受到真诚服务。需特别注意避免双手叉腰、频繁看表等消极肢体动作。

（三）沟通渠道策略

1. 正式沟通渠道

正式沟通渠道在赛事筹备和进行过程中发挥着重要的决策和信息传递作用。会议沟通是团队成员共同商讨赛事服务方案、协调工作进度的重要方式。赛事筹备阶段，定期召开筹备会议，团队成员可就赛事服务的各个环节进行深入讨论，明确各自职责和任务。会议中，成员们分享想法和经验，共同解决遇到的问题。赛事结束后，通过总结会议，团队成员回顾整个赛事过程，总结经验教训，为今后的工作提供参考。

2. 非正式沟通渠道

非正式沟通渠道虽不像正式沟通渠道那样规范和严肃，但在团队关系维护和问题解决方面有着独特作用。工作间隙，成员们轻松聊天、交流工作心得，不仅能缓解工作压力，还能增进彼此感情。通过非正式沟通，团队成员可及时了解彼此的工作状态和心理需求，发现潜在问题。当团队成员之间出现矛盾或误解时，非正式沟通可作为缓冲方式，通过私下交流，双方坦诚表达想法和感受，化解矛盾，避免问题扩大化，维护团队的和谐稳定。

三、项目服务团队沟通注意事项与冲突处理

（一）有效沟通要点

1. 尊重文化差异

在世界职业技能大赛这样的国际舞台上，参赛团队会遇到来自不同国家和地区的客人和团队成员，他们有着不同的文化背景、价值观和沟通习惯。尊重这些文化差异是实现有效沟通的前提。不同国家的客人在礼仪、语言习惯、时间观念等方面存在很大差异。与国外客人沟通时，团队成员要了解并尊重对方的文化习俗，避免因文化冲突引起误会。

【补充材料 5】

跨文化沟通（A：前厅接待员；B：顾客；D：西餐厅经理）

A："（递上欢迎茶，微笑）下午好，科恩拉比！欢迎光临我们的酒店。今天有什么可以帮您的？"

B："（双手合十回礼）您好！我是大卫·科恩拉比，本周将参加非物质文化遗产会议。（压低声音）能否确保我的餐饮遵循犹太教饮食法？"

A："（点头，切换中文对 D）迈克尔，请过来前台协助。（转向 B）当然可以，科恩拉比。我们的行政主厨熟悉洁食规范。您希望使用预批准菜单还是定制选项？"

D："（快步上前，用希伯来语问候）愿您平安！我是餐饮经理迈克尔。我们为您准备了专属菜单。（展示平板电脑）这是厨房的洁食认证，餐具也特别从以色列采购。"

B："（惊喜）非常感谢！（细看菜单）看起来很棒。但注意到会议宴会有鱼翅汤——我该如何处理？"

D："（递上替代方案）我们会在宴会上提供标注您姓名的洁食纯素选项。（补充）员工已接受饮食法培训，包括肉奶分离的备餐区。"

A："（展示文化手册）我们也注意到您需遵守安息日。需要安排朝东的祈

祷空间吗？"

B："（感动）你们超出了我的预期。最后一事，能为我的中文翻译安排素食吗？他对贝类过敏。"

D："（记录）完全可以！我们会设计融合中式风味的美食菜单。（对A）请在系统备注：科恩拉比套房需配备肉奶分离水槽。"

A："（递上房卡）您的房间是2808，门框有门柱圣卷。西侧电梯在安息日期间保持运行。（指向庭院）冥想花园设有无Wi-Fi静思区。"

B："（合十鞠躬）感谢你们同时尊重我的信仰与当地文化。"

D："（微笑）这是我们的荣幸！我们甚至安排了犹太洁食葡萄酒墨汁的书法体验。"

A："（递上紧急联络卡）如需非工作时间协助，请找莎拉——她精通意第绪语。安息日平安！"

2. 把握沟通时机

在客户接待过程中，有效的沟通时机选择和冲突管理至关重要。团队成员须具备敏锐的观察力，准确把握沟通时机。面对客人时，应避免在其办理入住等疲惫时段进行过多的信息推送；团队内部沟通则需避开紧急任务处理时段，确保工作效率。

（二）项目服务团队冲突处理

1. 项目服务团队冲突识别

冲突管理包含识别、解决和预防三个关键环节。识别阶段需关注三类预警信号：情绪行为异常（如成员突然沉默或激动）、讨论氛围恶化（出现激烈争论或互相指责）、工作绩效下滑（效率下降且无客观原因）。这些迹象往往预示着潜在冲突。

2. 项目服务团队冲突解决

协商解决是解决团队内部冲突的常用策略。冲突发生时，双方应坦诚交流想法和感受，寻找共同利益点，尝试达成双方都能接受的解决方案。

（1）积极协商对话。冲突双方应秉持坦诚开放的态度。在讨论中，详细阐述想法、需求和立场，认真倾听对方的观点。

（2）寻求第三方调解。若冲突双方难以自行达成共识，可引入第三方调解。第三方可以是团队负责人、经验丰富的前辈或专业的调解人员。

（3）适当妥协让步。在不损害团队核心利益和个人根本原则的前提下，冲突双方可适当做出妥协。

3.项目服务团队冲突预防

建立标准化沟通机制（如每日汇报、定期会议）；培育"以客为尊、精益求精"的团队文化；实施反馈激励制度。通过组织团建活动和培训交流，增强团队凝聚力，从源头上减少冲突发生。

➡ 实训实施

一、团队协作与沟通实训

（一）实训要求（见表4-2-1）

表4-2-1　团队协作与沟通实训要求

实训场景要求	模拟突发设备故障，如电梯停运、厨房设备损坏；人员变动，如关键岗位员工请假；客人投诉升级等情况。要求团队成员在这些突发状况下，通过沟通协作迅速做出应对，保障酒店服务的正常进行
实训工具要求	• 通信工具：配备对讲机、模拟手机等，用于团队成员之间的即时通信，确保信息在不同区域、不同岗位间快速传递 • 工作记录工具：准备工作记录表单、笔记本、笔等，方便成员记录客人需求、工作进展、问题反馈等信息，为后续沟通协作提供依据 • 模拟酒店设备：在模拟区域配备前台电脑及酒店预订系统软件、客房清洁工具、餐饮设备与餐具等，让成员在接近真实的环境中进行实训操作
实训角色扮演要求	• 角色分配：将实训人员分为前厅组、客房组、餐饮组等不同团队，每组分别扮演对应岗位角色 • 角色演绎：扮演客人的实训人员要充分展现不同类型客人的特点和需求，提出多样化的问题和要求。扮演酒店服务人员的实训人员要严格按照岗位职责和服务流程进行操作，运用沟通技巧解决问题，体现团队协作精神

实训规则要求	• 流程规范：严格按照酒店服务标准流程进行操作，每个环节的沟通都要符合规范，准确传达信息 • 时间限制：对各项服务任务设定时间限制，如办理入住登记时间、客房清洁时间、上菜时间等，考核实训人员的工作效率和沟通协作的及时性 • 沟通协作：强调各部门之间、各岗位之间的沟通协作，信息要及时传递和共享。出现问题时，要共同协商解决，不得推诿责任 • 总结反思：每个实训场景结束后，小组进行内部讨论，总结经验教训，分析存在的问题及改进措施。实训结束后，每位实训人员提交实训报告，总结自己在实训中的收获和不足
实训评分表	如表 4-2-2 所示

（二）实训考核

表 4-2-2 团队协作与沟通实训评分

评分项目	评分标准	分值	得分
沟通技巧运用	能熟练运用语言、非语言沟通技巧，准确传达信息，积极倾听	20	
团队协作表现	团队成员之间配合默契，分工合理，能有效解决问题	20	
问题解决能力	面对各类突发问题和客人需求，能迅速、合理地解决	20	
服务流程执行	严格按照标准服务流程操作，无遗漏和错误	20	
实训报告质量	实训报告内容翔实，总结深刻，对实训中的问题和改进措施有清晰阐述	20	
总分		100	
教师评价：			

项目五
赛事主题活动策划

任务 1　基于节庆类型的主题活动策划

学习目标

1. 掌握不同节庆的文化内涵、历史背景与核心习俗，理解其与酒店服务场景的适配逻辑。

2. 具备节庆主题活动策划、场景布置、餐饮及客房服务特色设计能力，能够按规范流程组织活动并处理突发情况。

3. 树立文化自信与文化创新意识，践行"宾客至上"服务理念，培养团队协作与可持续发展的职业素养。

一、赛事案例解析

（一）任务概述

在 2024 年世界职业院校技能大赛酒店服务赛项中，部分参赛队围绕"海外归国华人、中秋团圆宴、食蟹体验"主题，为海外归国华人打造难忘之旅。前厅服务中，工作人员以热情的笑容与流利的外语迎接，借中秋主题布置、食蟹指南发放等营造氛围；客房布置融入中秋元素，配备食蟹工具及贴心服务；餐饮服务上，设计以蟹为主的中秋团圆宴，提供多样食蟹方式，开展文化互动活动。全程全方位融入传统文化，尽显酒店服务的专业与人文关怀，让宾客感受家的温暖，领略中华美食的文化魅力。

（二）任务分析

1. 工作流程（见图 5-1-1）

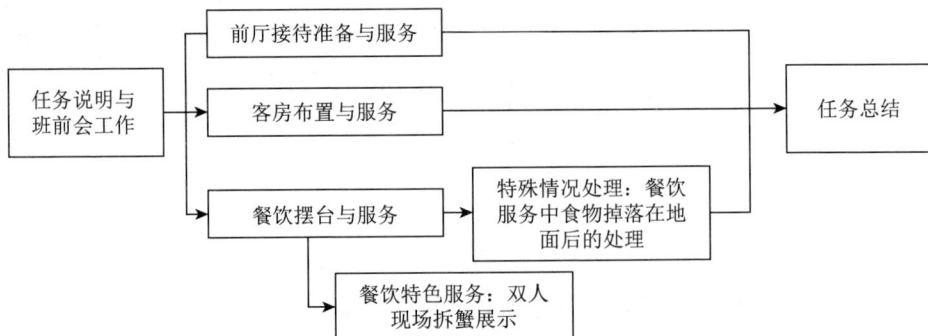

图 5-1-1　任务流程

2. 工作内容

任务流程主要包含六个环节，分别是班前会工作任务布置、前厅接待准备与服务、客房布置与服务、餐饮摆台与服务（含餐饮特色服务：双人现场拆螃蟹展示）、特殊情况处理和任务总结（见表 5-1-1）。

表 5-1-1　任务流程分析

任务环节	具体工作内容
班前会工作任务布置	• 依据岗位需求，详细划分前厅、客房、餐饮等部门员工的工作任务，确保责任到人，如明确前厅接待员负责宾客登记与引导，客房服务员负责房间布置与整理等 • 深度解读"海外归国华人、中秋团圆宴、食蟹体验"主题，组织员工学习相关文化知识，如中秋传统习俗、食蟹文化历史等，以及各环节的特色服务细节，为归国华人提供特定的交流话题引导 • 制定并讲解特殊情况应对预案，针对餐饮食物落地、宾客突发不适等情况，明确各岗位的处理流程与协作方式，指定应急处理的负责人
前厅接待准备与服务	• 精心布置前厅环境，悬挂中秋主题红灯笼、摆放月饼造型装饰品，营造浓厚的节日氛围，同时调试音响设备，确保传统音乐播放顺畅 • 员工整理个人仪容仪表，着整洁工装、面带微笑，强化外语口语练习，熟练掌握入住办理流程及各类咨询解答技巧 • 以热情饱满的态度迎接宾客，主动询问宾客的海外经历，巧妙引入中秋活动与食蟹体验介绍，发放精心制作的食蟹指南手册

续表

任务环节	具体工作内容
客房布置与服务	• 更换印有嫦娥奔月、玉兔捣药等中秋元素的床上用品，在房间显眼位置摆放新鲜桂花，让宾客一进入房间就感受到中秋氛围 • 在客房文化展示区，有序陈列中国传统书籍、经典字画，放置一套传统汉服及配饰，供宾客体验传统文化 • 为客房配备齐全的食蟹工具，如蟹八件，准备温热的毛巾和姜茶，随时响应宾客需求，及时提供新鲜水果与精致点心
餐饮摆台与服务	• 围绕中秋团圆主题设计餐桌摆台，摆放象征团圆的装饰品，如用石榴、红枣等水果拼出团圆图案，合理搭配餐具，凸显节日特色 • 服务人员深入学习中秋团圆宴菜单，熟知每道菜品的食材、烹饪方法、口味特点及蕴含的中秋寓意 • 上菜时动作规范、态度热情，详细为宾客介绍菜品，根据宾客口味偏好，提供清蒸、香辣、避风塘等多种食蟹方式，并现场演示正确的拆蟹技巧
餐饮特色服务：双人拆螃蟹展示	• 两位展示人员提前深入研究各类螃蟹的特点，包括外形、肉质、食用部位等，准备好齐全且干净的食蟹工具 • 按照标准流程，从打开蟹壳、去除蟹鳃到拆解蟹腿、挑出蟹肉，有条不紊地进行操作，同时清晰讲解每一步骤及搭配的调料选择 • 积极与现场宾客互动，解答宾客关于食蟹的疑问，邀请宾客上台尝试部分拆解操作，给予指导与鼓励
特殊情况处理	• 距离食物落地位置最近的服务人员第一时间快步上前，迅速用托盘或干净的清洁布覆盖食物，防止宾客误踩造成滑倒等二次事故 • 立即通过对讲机或其他通信设备通知后勤清洁人员，告知事故地点，并要求其携带扫帚、拖把、消毒水等清洁工具尽快赶到 • 服务人员向受影响的宾客诚恳鞠躬致歉，说明会马上处理，根据食物落地情况，迅速协调厨房为宾客更换一份全新的食物，并关注宾客情绪，适时送上小礼品安抚
任务总结	• 项目负责人对本次接待中的前厅、客房、餐饮等服务进行总结，归纳对客服务中的亮点；同时，对服务中的不足以及宾客的意见与建议进行分享 • 工作小组成员分别对各接待环节进行总结，同时对宾客意见进行交流，更新客户资料，以便于下次提供更优质的服务

（三）任务实施

1. "双人协同"服务，效率与美观俱佳

在酒店服务的多个关键环节，该校创新性地采用"双人协同"模式。以前厅接待为例，当海外归国华人踏入酒店，两名接待人员默契配合，一名专注于为宾客办理入住手续，快速高效地录入信息、分配房间，另一名则热情地与宾客交流，了解其在海外生活的点滴，适时介绍酒店为中秋佳节筹备的特色活动，让宾客在办理手续的短暂时间内，能充分感受到酒店的热情与关怀。在客房服务中，双人协作进行房间布置与整理，一人负责更换带有中秋元素的床上用品、摆放桂花，营造温馨的节日氛围，另一人则在文化展示区陈列传统书籍、字画，放置汉服，确保每个细节都做到尽善尽美，为宾客打造兼具文化底蕴与舒适体验的居住空间。餐饮服务环节，双人协同体现在上菜与食蟹服务上，一位服务员负责精准上菜，介绍菜品特色与中秋寓意，另一位服务员则专注于根据宾客口味，提供多样的食蟹方式，现场演示拆解技巧，两人配合流畅，既提升了服务效率，又让整个服务过程极具观赏性，为宾客带来高效且美观的服务体验。

2. 食蟹文化之旅，体验传统饮食文化

本次酒店服务任务精心设计了一场深入的食蟹文化之旅。从宾客踏入酒店前厅起，就开启了食蟹文化的探索。工作人员发放精心编制的食蟹指南手册，详细介绍本地特色蟹种，如阳澄湖大闸蟹的生长环境、独特外形与风味特点。在客房内，不仅配备齐全的食蟹工具，还准备了图文并茂的使用说明，让宾客提前熟悉食蟹流程。餐饮服务中，食蟹文化体验达到高潮。餐厅专门推出以蟹为主角的中秋团圆宴，菜品丰富多样，从清蒸大闸蟹原汁原味展现蟹的鲜美，到蟹粉狮子头、蟹黄豆腐等巧妙融合蟹肉的佳肴。服务人员在为宾客上菜时，详细讲解每道蟹菜的烹饪方法、食用方式以及背后蕴含的文化故事。同时，安排双人现场拆螃蟹展示环节，两位展示人员熟练地按照正确顺序拆解螃蟹，边操作边清晰讲解步骤，如先掀开蟹盖，去除蟹鳃，再拆解蟹身与蟹腿，还介绍不同部位搭配的调料，如蟹肉蘸醋去腥提鲜，蟹黄配姜醋汁更显醇厚。此外，还邀请宾客参与互动，解答他们关于食蟹的疑问，邀请宾客上台尝试拆解操作，让宾客全方位、沉浸式体验中华传统食蟹文化的魅力。

3. 中外酒水同饮，中西酒水文化融合

为充分满足海外归国华人对多元酒水文化的需求，酒店创新推出中外酒水同饮服务，深度促进中西酒水文化交融。在酒品准备方面，精心挑选具有代表性的中国黄酒与各类创意鸡尾酒。中国黄酒，选取绍兴的陈酿花雕酒，其色泽橙黄清亮，香气浓郁芬芳，口感醇厚绵柔，承载着千年的酿造工艺与深厚的文化底蕴。而鸡尾酒的选择上，既有经典的莫吉托，以清新的薄荷香气搭配朗姆酒的热烈，也有充满创意的水果融合鸡尾酒，如草莓伏特加鸡尾酒，草莓的香甜与伏特加的凛冽完美结合。

　　在餐饮服务中，服务人员会根据中秋团圆宴的菜品特色，为宾客提供专业的酒水搭配建议。当宾客品尝清蒸大闸蟹时，推荐温热的花雕酒，花雕酒的醇厚能中和蟹肉的寒凉，同时凸显蟹的鲜美；搭配蟹黄豆腐等菜品时，推荐一款以橙汁、柠檬汁和金酒调制而成的清爽鸡尾酒，其酸甜的口感能平衡蟹黄的浓郁，为味蕾带来别样冲击。服务过程中，服务人员会详细讲解黄酒与鸡尾酒的酿造工艺、调制方法及背后的文化内涵，讲述黄酒在古代祭祀、庆典中的重要地位，以及鸡尾酒在现代社交场合中的流行趋势。还会举办小型的酒水品鉴活动，邀请宾客亲自品尝不同的黄酒与鸡尾酒，对比口感差异，分享饮用感受，让宾客在品尝美食的同时，深度领略中西酒水文化的独特魅力与交融之美。

（四）任务相关图片集锦（见图 5-1-2～图 5-1-7）

图 5-1-2　前厅服务场景 1

图 5-1-3　前厅服务场景 2

图 5-1-4　客房服务场景

图 5-1-5　酒水调制与服务场景

图 5-1-6　餐饮服务场景

图 5-1-7　中餐宴会主题摆台

➡ **实训实施**

一、节庆类主题活动策划实训

（一）实训要求（见表 5-1-2）

表 5-1-2　节庆类主题活动策划实训要求

实训场景	• 布置实训场景，划分"活动策划区"（用于方案讨论）与"场景模拟区"（用于装饰搭建、流程演练） • 接入酒店节庆活动执行视频资源，供学生观察真实活动落地细节
实训准备	• 收集 2024 国赛及往届酒店服务赛项中节庆类主题活动案例（如春节、端午节主题策划方案），整理成分析素材 • 汇总全球典型节庆文化资料（涵盖节日起源、习俗、视觉元素、特色饮食等），形成"节庆元素库" • 提供活动策划模板、场景设计软件 • 准备节庆装饰模拟道具、餐饮摆盘参考图册
实训方法	• 案例分析法：以国赛优秀节庆策划案例为蓝本，拆解其主题定位、环节设计逻辑，分析成功要素 • 任务驱动法：设定实训任务（如"设计某酒店中秋节主题活动"），引导学生完成从创意发想到方案落地的全流程 • 小组协作法：学生分组模拟酒店策划团队，分工完成主题策划、场景设计、预算编制等任务，培养协作能力

实训规则与要求	• 每组 5~6 人，明确策划、设计、汇报等角色分工，成员需全程参与讨论与执行，避免分工失衡。角色可轮换，确保每位学生能体验不同环节 • 分析案例需标注引用，禁止抄袭 • 策划方案需包含主题、流程、预算、人员分工等完整要素，逻辑清晰、图文并茂 • 场景模拟需还原设计，装饰与环节演示符合专业标准
模拟实训评分表	如表 5-1-3 所示

（二）实训考核

表 5-1-3　节庆类主题活动策划实训评分

评分项目	评分标准	分值	得分
职业素养	• 服务礼仪规范（站姿、用语、着装） • 节庆文化知识掌握（历史背景、习俗禁忌） • 双语服务能力（术语使用准确性）	20	
专业技能	• 活动流程设计合理性（时间误差 ≤ 5mins） • 场景布置规范性（道具安全、文化符号正确） • 成本控制能力（预算误差 ≤ 10%）	30	
团队协作	• 分工明确性（角色覆盖策划、执行、沟通） • 协作效率（按时完成任务） • 突发情况应对（如装饰损坏、流程延误）	15	
应用价值	• 主题与酒店收益关联性（如客房入住率提升） • 宾客体验满意度（虚拟调研 ≥ 85 分） • 方案可复制性（标准化流程手册）	20	
创新创意	• 节庆元素创新应用（如科技融合、跨界联动） • 活动形式独特性（如沉浸式光影秀） • 文化传播新颖性（如社交媒体挑战活动）	15	
总分		100	
教师评价：			

任务 2　基于宾客类型的主题活动策划

学习目标

1.熟悉不同宾客类型（商务、亲子、情侣等）的需求特征、消费习惯及服务敏感点，理解其与酒店服务项目的适配逻辑。

2.掌握宾客需求分析、差异化服务设计、跨部门资源协调及客诉处理能力，能够定制化策划客房、餐饮、娱乐全流程服务方案。

3.培养职业责任感与创新意识，践行绿色服务、人文关怀的可持续发展价值观。

一、赛事案例解析

（一）任务概述

在 2024 年世界职业院校技能大赛酒店服务赛项中，部分参赛队以"赛会团队接待服务、与世界零距离、宋朝点茶茶艺展示、中国黄酒温酒服务"为主题，为全球赛会团队打造难忘体验。前厅服务中，工作人员以多语种热情接待，通过融合国际元素与宋韵文化的布置营造独特氛围，发放文化体验手册并安排现场演示；客房布置上，兼具国际元素与宋韵主题装饰，设有文化交流展示区，提供贴心特色服务；餐饮服务则推出国际美食与杭州风味结合的赛会菜单，提供宋朝点茶与中国黄酒服务体验，开展文化互动与交流活动。整个服务全方位融入特色元素，彰显专业性与人文关怀，展现中华传统文化魅力与国际化服务品质，实现"与世界零距离"的愿景。

（二）任务分析

1. 工作流程（见图 5-2-1）

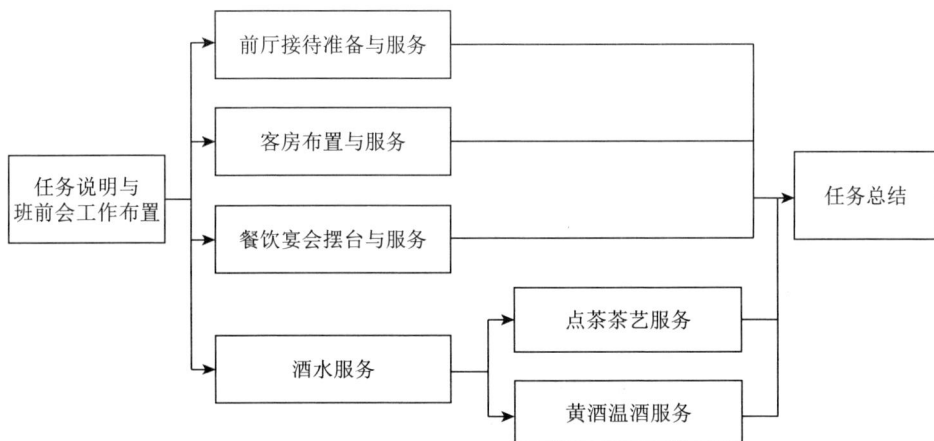

图 5-2-1　任务流程

2. 工作内容

任务流程主要包含六个环节，分别是任务说明与班前会工作布置、前厅接待准备与服务、客房布置与服务、餐饮摆台与服务、酒水服务（点茶茶艺展示、黄酒温酒服务）和任务总结（见表 5-2-1）。

表 5-2-1　任务流程分析

任务环节	具体工作内容
任务说明与班前会工作布置	• 详细阐述本次酒店服务任务以接待来自世界各地的赛会团队为核心，围绕"与世界零距离、宋朝点茶茶艺展示、中国黄酒温酒服务"等主题，明确各岗位，如前厅接待、客房服务、餐饮服务等人员的具体职责与任务区域 • 组织员工深入学习服务主题相关内容，要求熟悉各国文化习俗差异，掌握宋朝点茶与黄酒文化知识，以及各环节特色服务细节，如点茶流程、温酒技巧等 • 传达特殊情况应对预案，针对可能出现的突发状况，如宾客身体不适、设备故障等，明确处理流程与各岗位责任分配

续表

任务环节	具体工作内容
前厅接待准备与服务	• 完成多语种接待准备，员工熟练掌握常用外语接待用语，确保能与世界各地宾客顺畅交流。同时，检查前厅环境布置，保证各国国旗、宋韵装饰摆放整齐，音乐播放正常 • 热情迎接赛会团队，在办理入住手续时，主动与宾客沟通，了解其需求与行程安排，介绍酒店特色活动，如点茶体验、黄酒品鉴会等 • 向前厅宾客发放文化体验手册，涵盖杭州文化、宋朝点茶与黄酒知识，并邀请专业人员现场进行简单演示，激发宾客的兴趣
客房布置与服务	• 布置客房，更换带有宋代元素的床上用品，摆放杭白菊，营造具有杭州特色的舒适氛围。在文化交流展示区，陈列各国书籍杂志与中国传统古籍、书画作品，放置传统宋服供宾客体验 • 配备齐全的生活设施与特色物品，如多国适用的电源转换插头、专业温酒器及使用说明。准备热毛巾与杭州特色茶点，随时响应宾客需求 • 定期检查客房设施设备，确保正常运行，为宾客提供安全、舒适的居住环境
餐饮摆台与服务	• 依据赛会主题设计摆台，融入国际元素与宋代美学，摆放寓意友好交流的装饰，注重餐具与菜品的搭配 • 服务人员深入学习赛会菜单，熟悉每道菜品的食材、烹饪方法、口味特点及文化寓意，无论是国际美食还是杭州特色菜肴都能详细介绍 • 规范上菜流程，热情服务宾客，根据宾客需求及时提供帮助，确保宴会服务顺畅进行
酒水服务（点茶茶艺展示、黄酒温酒服务）	• 点茶茶艺展示区域布置妥当，茶艺师身着宋代服饰，准备好茶筅、茶盏、茶碾等工具与优质茶叶。按照宋代点茶流程，从碾茶到击拂出茶沫，优雅展示并讲解背后文化 • 酒师准备好各类黄酒与专业温酒器，根据不同的黄酒种类选择合适的温酒方式，如隔水温热、炭火温酒，为宾客演示并介绍温酒技巧、黄酒与菜品搭配知识 • 主动询问宾客对酒水的需求，及时为宾客送上点好的茶与温好的黄酒，提供周到的酒水服务
任务总结	• 组织全体参与服务的员工召开总结会议，各岗位人员汇报任务执行情况，分享服务过程中的经验与遇到的问题 • 收集宾客反馈意见，从接待服务、客房体验、餐饮酒水到文化活动等方面，分析宾客满意度与改进方向 • 根据总结与反馈，整理本次服务任务中的亮点与不足，为今后类似服务任务制定优化措施与提升方案

（三）任务实施

1. "六艺"（茶艺、食艺、花艺、扇艺、陶艺和绣艺）与酒店服务任务的有机融合

茶艺体验。在酒店公共区域与客房内精心打造茶艺展示与体验空间。于大堂设置专业茶艺区，茶艺师身着宋代服饰，每日定时演示宋朝点茶茶艺。从精选茶叶、碾茶成末，到注汤击拂出细腻茶沫，动作优雅流畅，同时向宾客讲解点茶历史文化、宋代点茶器具的使用与讲究，让宾客沉浸式感受宋代茶文化魅力。客房内配备精致茶具与多种茶叶，附带详细泡茶指南，鼓励宾客自行尝试泡茶，体验宁静惬意的中式茶韵。

食艺呈现。酒店餐饮服务深度融入食艺。中餐厅推出以宋代美食为蓝本、结合现代烹饪技艺的特色菜单。不仅还原宋代经典的"宋韵蟹酿橙"，将鲜美的蟹肉与橙子巧妙搭配，还创新研发一系列融合杭州本地食材与国际风味的菜品。菜品摆盘遵循宋代美学，注重色彩、造型与食材搭配，如用蔬果摆出精美的花鸟图案，搭配古朴的瓷器餐具，让每一道菜都宛如一件艺术品。厨师团队还会定期举办美食制作工作坊，邀请宾客参与，如学习制作杭州传统点心定胜糕、荷花酥，传授烹饪技巧与背后的文化寓意。

花艺布置。酒店各区域的花艺布置别具匠心。从前厅到客房，均摆放以宋代花艺风格为灵感的插花作品。选用杭州本地花卉，如淡雅的杭白菊、娇艳的牡丹等，搭配古朴的陶瓷花瓶或竹制花器。花艺造型注重自然、简洁，展现花卉的自然姿态与韵味，为宾客营造清新雅致的环境氛围。

扇艺展示。扇艺元素贯穿酒店服务。前厅接待处摆放精美的宋代风格团扇与折扇作为装饰，扇面上绘制着宋代山水、花鸟图案或书写着诗词。为宾客提供的文化体验手册中，详细介绍了扇艺历史、种类与制作工艺。在客房文化交流展示区，陈列各类传统扇子，供宾客欣赏把玩。酒店还邀请扇艺大师现场演示扇面绘画与书法创作，宾客可参与互动，定制专属自己的扇子，感受传统手工艺的魅力。

陶艺体验。酒店设置陶艺工作室，配备专业陶艺设备与工具。陶艺师傅现场展示宋代陶艺制作工艺，如拉坯、上釉、烧制等过程。宾客可在师傅指导下，亲手制作简单的陶艺作品，如小茶杯、摆件等。完成的作品可带走或由酒

店代为烧制后邮寄给宾客。酒店内的装饰品与部分餐具也选用本地陶艺作品，展现宋代陶艺的质朴与典雅，让宾客在使用过程中感受传统陶艺文化。

绣艺融入。客房内的床品、抱枕、窗帘等软装部分采用具有绣艺元素的面料，绣有宋代风格的花鸟、吉祥图案，细腻的针法展现出精湛的绣艺。酒店礼品店售卖杭州特色的刺绣工艺品，如丝绸手帕、香囊等，可供宾客选购。同时，邀请刺绣艺人举办绣艺讲座与体验活动，向宾客传授基本刺绣针法，让宾客亲手尝试绣制简单图案，感受传统绣艺的魅力与文化内涵。通过"六艺"与酒店服务的全方位融合，为宾客打造丰富多元、沉浸式的文化体验之旅。

2. 点茶茶艺展示与黄酒温酒服务

点茶茶艺展示。在餐厅特定区域搭建点茶表演台，营造浓厚的宋代氛围。表演台布置的古朴典雅，摆放着宋代风格的桌椅、茶具。茶艺师身着华丽的宋代服饰，每日多次进行点茶表演。表演过程严格遵循宋代点茶流程，先将茶叶碾成粉末，再用茶罗筛出细腻茶末，放入精美的茶盏中。接着，茶艺师用沸水注汤，同时用茶筅快速击拂，茶汤逐渐泛起丰富细腻的白色泡沫，如积雪般堆于盏中。在表演过程中，茶艺师详细讲解点茶的历史渊源、文化内涵，分享宋代文人雅士对茶的热爱与点茶趣事，如苏轼、李清照等与茶相关的诗词典故。邀请宾客上台参与点茶体验，亲手感受击拂茶汤的乐趣，品尝自己制作的点茶，深度领略宋代茶文化的独特魅力。

黄酒温酒服务。酒店酒窖藏有多种优质黄酒，涵盖不同产地、年份与口味。酒师根据宾客需求与菜品搭配，为宾客推荐合适的黄酒。在服务过程中，酒师向宾客展示专业的温酒技巧。针对不同种类的黄酒，选择合适的温酒方式，如对于醇厚型黄酒，采用隔水温热的方法，将黄酒倒入锡壶中，放入热水中缓慢加热，控制温度在30~40℃，既能激发黄酒的香气，又能保持其醇厚的口感；对于清爽型黄酒，可采用炭火温酒，在特制的温酒炉上，用小火慢慢温热，让黄酒在加热过程中逐渐释放出独特风味。酒师还会介绍黄酒的酿造工艺，从原料选取、发酵过程到陈酿储存，讲解黄酒与不同菜品的搭配原则，如黄酒搭配海鲜可去腥提鲜，搭配肉类能增添醇厚口感，让宾客在品尝黄酒的同时，深入了解中国的黄酒文化，享受一场味觉与文化的盛宴。

（四）任务相关图片集锦（见图 5-2-2～图 5-2-11）

图 5-2-2 任务说明与班前会工作布置

图 5-2-3 前厅接待服务

图 5-2-4 中式铺床

图 5-2-5 客房布置 1

图 5-2-6 客房布置 2

图 5-2-7 餐饮宴会摆台

图 5-2-8　点茶茶艺展示 1

图 5-2-9　点茶茶艺展示 2

图 5-2-10　黄酒温酒服务

图 5-2-11　任务总结

实训实施

一、基于宾客类型的主题活动策划实训

（一）实训要求（见表 5-2-2）

表 5-2-2　基于宾客类型的主题活动策划实训要求

实训场景	·场景 1：商务活动策划 ·场景 2：亲子家庭活动策划

实训准备	·国赛优秀案例集 ·宾客需求分析表、活动预算模板、风险预案清单 ·商务场景：会议流程表、桌签设计软件、茶歇摆盘工具 ·亲子场景：儿童安全检查表、手工材料包、主题装饰道具 虚拟宾客档案（含客群特征、行程安排、特殊需求）： ·商务团队：20位员工的科技公司高管，需高速网络、定制化会议茶歇、晚间社交活动 ·亲子家庭：2大1小（5岁），需儿童托管服务、亲子互动课程、主题餐饮
实训方法	·角色扮演法：小组分别扮演酒店策划团队与目标客群，模拟需求沟通、方案路演与异议处理 ·需求分析法：使用"KANO模型"区分客群需求优先级（如商务客"高效会议"为必备需求，亲子客"安全监护"为必备需求） ·方案验证法：通过"虚拟客户满意度调研"（问卷星模拟）评估方案吸引力，优化细节
实训规则与要求	·每组需完成2类客群方案设计，角色轮换确保每位学生体验策划与客户方 ·路演时需脱稿陈述 ·方案需包含客群画像、需求分析表、活动流程图、风险预案
模拟实训评分表	如表5-2-3所示

（二）实训考核

表5-2-3　基于宾客类型的主题活动实训评分

评分项目	评分标准	分值	得分
职业素养	·客群需求洞察能力（精准挖掘痛点） ·服务敏感性（特殊需求预判） ·双语沟通专业性（需求确认话术）	20	
专业技能	·差异化方案设计（如商务客高效流程、亲子客安全监护） ·服务细节把控（如定制化茶歇、儿童餐） ·风险预案完整性（如设备故障、天气突变）	30	
团队协作	·跨部门协作能力（前厅、客房、餐饮信息同步） ·角色轮换执行能力 ·路演答辩逻辑性（应答准确性）	15	
应用价值	·酒店收益提升（如附加服务销售增长） ·客群复购率预测（虚拟数据≥30%） ·方案行业适配性（可推广至同类型酒店）	20	

评分项目	评分标准	分值	得分
创新创意	·客群服务模式创新（如 AI 智能推荐） ·互动环节趣味性（如亲子 VR 探险） ·服务触点延伸（如伴手礼文化植入）	15	
总分		100	
教师评价：			

任务 3　基于文化类型的主题活动策划

学习目标

1. 熟悉特色文化元素的内涵、表现形式及其与酒店服务场景的融合逻辑。

2. 掌握文化元素提取、服务场景设计及跨部门协作能力，能够打造沉浸式文化体验项目。

3. 树立文化自信与创新意识，践行工匠精神，推动地方文化传承与酒店品牌价值提升。

一、赛事案例解析

（一）任务概述

在 2024 年世界职业院校技能大赛酒店服务赛项中，部分参赛队创新性地推出了"畅享啡凡人生，品味至真服务"项目，为酒店服务业树立了新标杆。该项目以设计思维为指导，构建了包含班前会、迎接宾客、服务实施和总结提升四个关键环节的完整服务体系。项目最大的亮点在于将智能科技与人文关怀完美融合：通过智能咖啡机实现咖啡冲泡的精准参数控制，确保饮品品质的稳定性；同时运用数字化管理系统收集分析宾客偏好，为每位客人提供从客房布置到餐饮安排的全程个性化服务。在团队协作方面，项目建立了高效的信息共享机制，从前台接待到客房服务再到餐饮团队，各岗位通过实时数据交互实现无缝衔接，形成了"服务接力"的工作模式。

（二）任务分析

1. 工作流程（见图5-3-1）

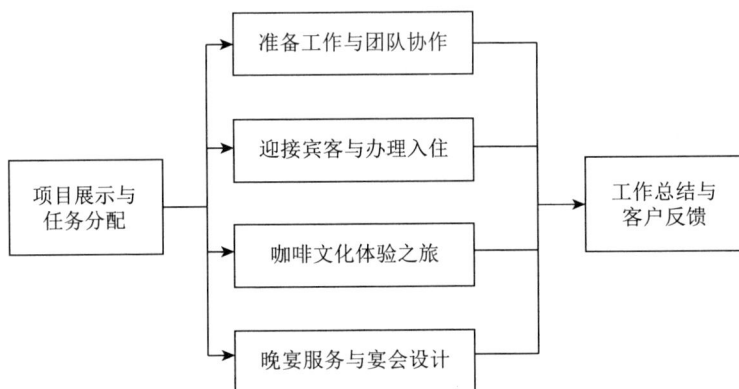

图5-3-1　任务流程

2. 工作内容

任务流程主要包含六个环节，分别是项目展示与任务分配、准备工作与团队协作、迎接宾客与办理入住、咖啡文化体验之旅、晚宴服务与宴会设计和工作总结与客户反馈（见表5-3-1）。

表5-3-1　任务流程分析

任务环节	具体工作内容
项目展示与任务分配	• 任务分配：客房管家、餐饮管家、调饮管家、前厅主管等角色分配 • 任务描述：为W咖啡公司的VIP客户吴女士定制专享服务 • 时间紧迫：客户将在4hs内抵达，任务紧急
准备工作与团队协作	• 准备工作：客房、餐厅、咖啡厅等部门的准备工作 • 团队协作：各部门紧密合作，确保服务流程顺畅 • 个人职责：餐饮管家、客房管家、咖啡师等各自负责相应工作

任务环节	具体工作内容
迎接宾客与办理入住	• 迎接宾客：前台员工热情迎接吴女士 • 办理入住：核对身份信息，办理入住手续 • 房间介绍：介绍房间设施、服务和位置
咖啡文化体验之旅	• 咖啡设备布置：智能咖啡机和咖啡拼豆机 • 咖啡文化体验：制作个性化咖啡，展示咖啡拉花技巧 • 客户反馈：吴女士对咖啡文化体验非常满意
晚宴服务与宴会设计	• 晚宴准备：餐厅布置、菜单设计、饮品准备 • 宴会主题：中西文化交融，咖啡元素点缀 • 服务流程：迎宾、上茶、菜品介绍、用餐服务
工作总结与客户反馈	• 总结工作：讨论服务流程、客户反馈和改进措施 • 客户满意：吴女士对服务非常满意，特别是咖啡饮品 • 团队协作：强调团队精神和协作能力是提升服务质量的关键

（三）任务实施

1.酒店服务协同场景营造

在"畅享啡凡人生，品味至真服务"这一创新酒店服务项目中，酒店服务协同场景营造堪称一大亮点，为项目的成功实施奠定了坚实的基础。

班前会作为协同工作的起点，营造出积极有序的氛围。酒店各岗位员工整齐汇聚，通过高效的信息共享机制，迅速交流前一天的服务反馈与当日宾客的预订情况。客房部员工详细汇报房间设施状况，餐饮部员工分享特色菜品准备进度，前台接待则重点介绍即将入住宾客的特殊需求与偏好。在交流过程中，大家积极讨论，共同制定应对策略，为接下来的服务环节做好充分准备，确保各岗位对当日工作目标与重点了然于心，这如同为一场战役绘制清晰的作战蓝图，使团队成员在行动上实现初步协同。

当宾客踏入酒店，前台接待以热情专业的姿态迎接宾客，同时迅速将宾客信息传递至后方各岗位。此刻，各岗位如同精密齿轮般开始协同运转。行李员第一时间上前协助搬运行李，引导宾客前往前台办理入住手续；客房服务人员同步依据宾客预订信息与偏好，紧锣密鼓地对房间进行最后的细节检查与布置，确保房间温度适宜、物品摆放整齐且符合宾客个性化需求。在这一过程中，各岗位通过内部通信设备保持实时沟通，随时根据宾客现场情况灵活调整服务细节，保证迎接流程顺畅无阻，让宾客从踏入酒店的瞬间便感受到贴心、高效的协同服务。

服务宾客阶段，协同场景愈发丰富且深入。在餐饮服务方面，当宾客步入餐厅，服务员依据前台传递的宾客饮食偏好信息，迅速为宾客推荐特色菜品，确保菜品制作符合宾客口味需求。咖啡师与服务员配合默契，咖啡师通过智能咖啡机精准控制咖啡冲泡参数，快速制作出高品质咖啡，服务员则及时将咖啡送至宾客桌前，满足宾客对咖啡的即时需求。在客房服务中，客房部与其他部门协同应对宾客的各类需求。

每日服务结束后，各岗位员工再次齐聚，对当日服务协同情况进行全面复盘。大家坦诚分享在服务过程中遇到的问题与成功经验，共同探讨优化方案。通过这种不断总结与优化的方式，酒店服务协同场景持续优化升级，团队成员之间的协作越发默契，为宾客提供更加优质、高效、个性化的服务，有力推动酒店服务水平迈向新高度，在酒店行业中树立起服务协同的优秀典范，为酒店业的健康发展贡献宝贵经验。

2.酒店服务核心岗位技能呈现

在"畅享啡凡人生，品味至真服务"这一创新酒店服务项目里，酒店服务核心岗位技能呈现得淋漓尽致，成为推动整个服务协同场景高效运转的关键支撑。

前台接待作为酒店服务的"门面担当"，其岗位技能在项目中有着至关重要的作用。当宾客踏入酒店时，前台接待需迅速展现出热情洋溢且专业规范的服务态度。他们不仅要熟练掌握酒店预订系统，能在瞬间准确查询宾客预订信息，还要具备敏锐的观察力，快速洞察宾客的情绪与需求。在与宾客交流的过程中，出色的沟通技巧尤为关键，前台接待需用清晰、温和且富有亲和力的语言，为宾客答疑解惑，办理入住手续。

客房服务岗位的技能则体现在对细节的极致把控与对宾客个性化需求的深度满足上。客房服务员需熟练掌握房间清洁与整理的标准流程，从床铺的平整铺叠、物品的有序摆放，到卫生间的深度清洁，每一个环节都严格遵循高标准的操作规范，确保为宾客提供干净、舒适的居住环境。在满足宾客个性化需求方面，客房服务员展现出了卓越的应变能力与服务意识。在得知宾客喜爱阅读后，他们能够依据宾客过往的阅读偏好，从酒店丰富的藏书库中精心挑选相关书籍，整齐摆放在客房书桌的显眼位置；对于有特殊睡眠习惯的宾客，如需要荞麦枕或加厚床垫，客房服务员能够迅速响应，与后勤保障部门协同，及时更换调整，确保宾客在睡眠环境上得到最大限度的满足。此外，客房服务员还须具备良好的设备维护技能，能够及时发现房间内各类设施设备的潜在问题，并准确报修，保障房间设施正常运转，为宾客提供便捷的居住体验。

餐饮服务岗位技能在项目中涵盖多个维度，从菜品推荐到制作再到饮品服务，每一个环节都彰显出专业水准。餐厅服务员需对酒店菜品了如指掌，不仅要熟知菜品的食材构成、烹饪方式，还要清楚菜品的口味特点与营养价值。当宾客步入餐厅时，服务员依据前台传递的宾客饮食偏好信息，凭借出色的沟通与推荐技能，迅速为宾客精准推荐契合其口味的特色菜品。在与厨房团队的协作过程中，服务员要具备清晰、准确的信息传递能力，将宾客的特殊饮食禁忌、口味要求等详细告知厨房，确保菜品制作符合宾客需求。厨房团队的厨师们则展现出精湛的烹饪技艺，根据服务员反馈的信息，精准调整菜品的配料与烹饪方式。

在整个服务过程中，各核心岗位技能并非孤立存在，而是相互交织、协同作用。前台接待的信息传递技能为客房服务与餐饮服务提供了精准的需求导向；客房服务的细致入微与灵活应变，保障了宾客在住宿环节的舒适体验，为餐饮服务等后续环节营造了良好氛围；餐饮服务岗位的专业技能则直接提升了宾客在酒店的用餐满意度，与其他岗位共同构建起全方位、高品质的酒店服务体系。通过各核心岗位技能的出色呈现与紧密协同，酒店成功为宾客打造出"畅享非凡人生，品味至真服务"的独特体验，在酒店行业中树立起服务品质与协同创新的标杆，有力推动酒店业朝着更加专业化、精细化的方向健康发展。

3.酒店紧急情况处理

若遇到宾客突发疾病的紧急情况，前台接待收到求助信息后，立刻联系酒店医务室的医护人员，并详细询问宾客症状，同时通知客房服务人员前往事发地点。客房服务员迅速携带急救箱赶到现场，凭借日常培训积累的急救知识，如简单的心肺复苏、伤口包扎等技能，对宾客进行初步急救处理，为医护人员的到来争取宝贵时间。餐饮服务人员则根据医护人员的需求，提供热水、糖水等必要物资，若宾客需要特殊饮食安排，厨房团队迅速调整菜品制作计划，为患病宾客准备适宜的餐食。

在遭遇恶劣天气，如暴雨导致酒店部分区域积水时，前台接待及时通过各种渠道向宾客发布天气预警与安全提示，告知宾客酒店的应急措施。客房服务人员检查房间门窗是否关闭严实，对可能漏水的区域进行提前防护，如放置接水容器。同时，与后勤保障部门协作，清理走廊、电梯间等公共区域的积水，保障宾客行走安全。餐饮服务岗位则确保食品供应不受影响，合理调整菜品配送路线，避免因积水导致送餐延误，保证宾客在恶劣天气下也能按时享用热餐。

在每一次紧急情况处理过程中，各核心岗位的应急技能相互配合、相得益彰。前台接待的信息传递与协调指挥能力，如同大脑一般，掌控全局；客房服务人员的快速响应与现场处置能力，是保障宾客安全的关键防线；餐饮服务岗位在物资供应与特殊需求满足方面的积极配合，为紧急情况的妥善解决提供了有力支持。通过各岗位在紧急情况下的出色表现与紧密协同，酒店不仅成功应对了各种危机，更在宾客心中树立起可靠、安心的形象，进一步巩固了"畅享非凡人生，品味至真服务"的品牌理念，为酒店业在应急管理方面提供了优秀范例，推动整个行业不断提升紧急情况处理能力与服务保障水平。

4.咖啡文化体验之旅

在"畅享啡凡人生，品味至真服务"的酒店服务项目里，精心打造的"咖啡文化体验之旅"成为一大特色亮点，为宾客带来一场别开生面、深度沉浸的咖啡文化盛宴。

当宾客报名参加"咖啡文化体验之旅"后，酒店便开启了一系列细致入微的前期准备工作。专业的咖啡师团队精心挑选来自世界各地的优质咖啡豆，涵盖了埃塞俄比亚的耶加雪菲、巴西的山度士、哥伦比亚的特级等多种风味独特的品种，并将这些咖啡豆分类放置在透明且精致的储存罐中，罐身标注着咖啡豆的产地、风味特点与烘焙程度等详细信息，方便宾客了解与选择。同时，酒店配备了先进的智能咖啡设备，这些设备不仅具备精准的研磨、萃取功能，还能通过智能系统实时监测咖啡制作过程中的各项参数，确保每一杯咖啡都能达到最佳口感。

体验之旅正式开始，宾客们首先踏入充满浓郁咖啡香气的咖啡吧。咖啡师热情地迎接宾客，并为他们详细介绍本次体验之旅的流程与内容。在智能咖啡体验环节，宾客们迎来了充满乐趣与挑战的自由拼豆环节。咖啡师向宾客讲解不同咖啡豆的风味特点，如耶加雪菲带有柑橘、花香的清新风味，巴西山度士口感醇厚、坚果味浓郁等，引导宾客根据自己的口味偏好进行拼配。宾客们围在摆放着各类咖啡豆的桌前，兴致勃勃地尝试不同组合，有的宾客钟情于果香与醇厚口感的融合，便将耶加雪菲与哥伦比亚特级咖啡豆按照一定比例混合；有的宾客则追求独特的风味层次，选取少量具有烟熏风味的咖啡豆与其他品种搭配。在宾客拼豆过程中，咖啡师在一旁耐心指导，解答宾客关于咖啡豆特性、拼配比例等方面的疑问，确保宾客拼配出的咖啡豆组合能够展现出独特而和谐的风味。

完成拼豆后，宾客们将自己精心搭配的咖啡豆放入智能咖啡机中。智能咖啡机凭借其精准的研磨系统，能够根据咖啡豆的特性与宾客设定的参数，将咖啡豆研磨成均匀细腻的咖啡粉。随后，在智能萃取系统的作用下，热水以恰到好处的温度与压力穿过咖啡粉，萃取出浓郁香醇的咖啡液。宾客们目不转睛地盯着智能咖啡机的操作面板，看着各项参数的变化，感受着科技与咖啡艺术的完美结合。

接下来进入令人期待的咖啡拉花环节。咖啡师首先为宾客展示了一系列精美的咖啡拉花图案，如经典的树叶、心形、郁金香等，精湛的技艺引得宾客们的阵阵惊叹。随后，咖啡师开始为宾客进行详细的拉花教学。从奶泡的打发技巧开始讲解，咖啡师演示如何使用专业的打奶器将牛奶打发成绵密细腻的奶泡，同时向宾客强调奶泡温度、质地对拉花效果的影响。接着，咖啡师手持装有奶泡的拉花杯，与放置着咖啡液的咖啡杯呈一定角度，缓慢且稳定地将奶泡注入咖啡液中，同时通过手腕的灵活摆动，引导奶泡在咖啡液表面形成各种美丽的图案。宾客们跃跃欲试，在咖啡师一对一的指导下，小心翼翼地拿起拉花杯，尝试着将奶泡注入咖啡液中。一开始，有些宾客的拉花效果并不理想，但在咖啡师耐心的鼓励与细致的指导下，逐渐掌握了技巧，成功拉出了属于自己的独特的咖啡拉花图案。当宾客们端起自己亲手制作的带有精美拉花的咖啡杯，品尝着自己拼配、制作的咖啡时，脸上洋溢着满足与自豪的笑容，仿佛在这一杯咖啡中品味到了整个咖啡文化的魅力。

整个"咖啡文化体验之旅"不仅让宾客深入了解了咖啡的起源、品种、烘焙、拼配以及制作等多方面的知识，更通过智能咖啡设备的运用与咖啡拉花等实践环节，让宾客亲身参与到咖啡制作过程中，体验到咖啡文化的独特魅力与乐趣，为宾客的酒店入住体验增添了一抹浓郁而独特的咖啡色彩，完美诠释了"畅享啡凡人生，品味至真服务"的项目理念。

（四）任务相关图片集锦（见图 5-3-2～图 5-3-7）

图 5-3-2　前厅服务场景

图 5-3-3　咖啡服务场景 1

图 5-3-4　咖啡服务场景 2

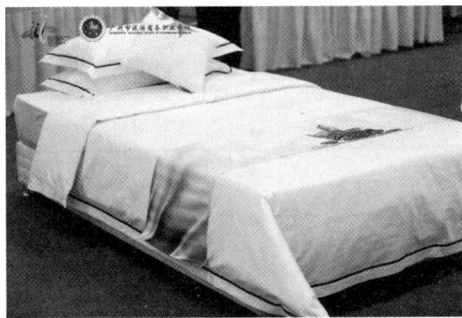

图 5-3-5　中式铺床

图 5-3-6 餐饮服务场景 1

图 5-3-7 餐饮服务场景 2

→ **实训实施**

一、文化类型主题活动策划实训

（一）实训要求（见表 5-3-2）

表 5-3-2 文化类主题活动策划实训要求

实训场景	• 模拟酒店大堂，设置文化展示区（如非遗手工艺品陈列、地方戏曲电子屏）、文化主题签到台（毛笔签到、传统纹样装饰） • 布置主题客房（如茶文化房、汉服体验房），配备文化体验道具（茶具、汉服、书法工具） • 模拟餐厅/宴会厅，设置文化主题餐桌（如唐代宴饮摆盘、宋代点茶体验区），配备传统餐具与菜品文化介绍卡
实训准备	• 收集国赛文化类案例，整理前厅、客房、餐饮服务中的文化元素应用策略 • 编制文化服务话术库（中英双语，含文化历史背景、体验活动引导语） • 前厅：文化讲解手册、传统礼仪演示视频、签到台装饰道具（灯笼、屏风） • 客房：文化主题布置工具（茶具、汉服衣架、非遗装饰摆件） • 餐饮：传统餐具（青瓷碗、竹制托盘）、菜品文化介绍立牌、茶艺表演工具
实训方法	• 文化融入法：分解文化元素至三大服务模块（如前厅接待融入迎宾礼仪、客房服务嵌入文化体验、餐饮提供文化主题套餐） • 服务动线设计：设计"文化体验动线"：前厅签到→客房文化体验→餐厅主题餐饮→文化活动区（如茶艺表演、非遗手作） • 双语服务训练：模拟外宾接待场景，练习文化讲解（如"这套茶具采用宜兴紫砂工艺，已有 600 年的历史"）

续表

实训规则与要求	• 每组需在三大服务模块中融入同一文化主题（如"宋韵文化"），确保服务动线连贯 • 文化讲解需使用中英双语 • 前厅服务需设计文化欢迎仪式 • 客房服务需提供文化体验包 • 餐饮服务需搭配文化主题套餐
模拟实训评分表	如表 5-3-3 所示

（二）实训考核

表 5-3-3　文化类主题活动实训评分

评分项目	评分标准	分值	得分
职业素养	• 文化知识储备（历史背景、技艺原理） • 双语讲解能力（文化术语准确性） • 服务礼仪规范性（传统礼节应用）	20	
专业技能	• 文化元素融入服务模块（前厅、客房、餐饮） • 沉浸式体验设计（≥ 3 种感官互动） • 文化传播路径规划（如社交媒体打卡点）	30	
团队协作	• 跨部门文化服务联动（如客房汉服体验 + 餐饮茶歇） • 文化传承人对接能力 • 应急处理能力（如讲解失误补救）	15	
应用价值	• 文化传播效果（虚拟调研认知度提升 ≥ 20%） • 文化 IP 转化能力（如衍生品开发） • 方案社会效益（如非遗技艺传承）	20	
创新创意	• 文化现代演绎（如国潮风、AR 导览） • 文化跨界融合（如酒店 × 美术馆联名） • 文化服务产品化（如文化体验课程包）	15	
总分		100	
教师评价：			

任务 4　基于其他类型的主题活动策划

学习目标

1.熟悉环保、科技、艺术等新兴主题的核心内涵、跨界资源整合逻辑及酒店服务场景适配规律。

2.掌握新兴主题挖掘、创意方案设计、跨界资源整合及项目落地执行能力。

3.树立创新驱动发展理念，践行社会责任与可持续发展价值观，培养敢为人先的职业精神。

一、赛事案例解析

（一）任务概述

在 2024 年世界职业院校技能大赛酒店服务赛项中，部分参赛队创新推出"大数据＋活字印刷"主题服务项目。该项目通过大数据分析宾客消费习惯和偏好，实现精准服务：如根据阅读喜好配置客房书籍，按香氛偏好布置房间，并优化客房清洁等运营流程。同时，项目巧妙融入活字印刷元素：大堂展示传统印刷器具，客房采用活字门牌，餐饮服务中运用印刷纹样点心，并赠送活字印刷伴手礼。这种将现代科技与传统文化的创新融合，既提升了服务效率，又丰富了文化内涵，展现了参赛团队的专业水平和创新能力。

（二）任务分析

1. 工作流程（见图 5-4-1）

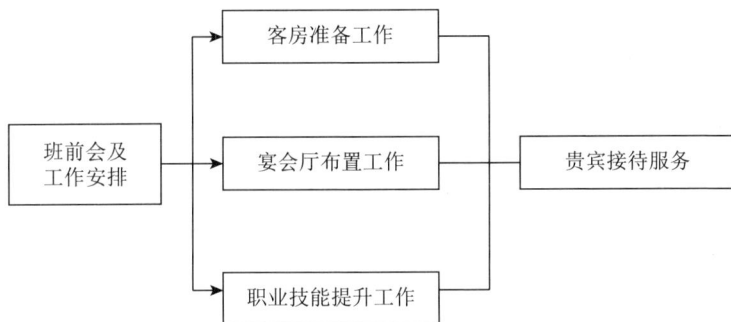

图 5-4-1　任务流程

2. 工作内容

任务流程主要包含五个环节：班前会工作及安排、客房准备工作、宴会厅布置工作、职业技能提升工作和贵宾接待服务（见表 5-4-1）。

表 5-4-1　任务流程分析

任务环节	具体工作内容
班前会工作及安排	• 管家主管介绍接待的目标和重要性，强调思想上的高度重视和工作中的饱满热情 • 检查仪容仪表，确保每位成员清楚自己的工作职责 • 具体安排接待任务，包括餐厅接待、客房服务、餐饮服务等 • 提醒接待人员注意贵宾的特殊需求，如不抽烟、喜欢安静等 • 强调准备工作的重要性，包括房间布置、宴会设计等
客房准备工作	• 准备工作包括准备被套、枕套、床单等物品，符合卫生标准和业务要求 • 客房打扫与布置工作中要求轻拿轻放，确保安全卫生 • 床铺整理包括铺床单、套被套、整理枕头等，要求一次性完成且平整光滑 • 检查床单、被套、枕头的中线是否居中，确保三线合一 • 员工语言规范流畅，能用简单的英语与客人交流
宴会厅布置工作	• 宴会厅布置包括铺设台布、装饰物、餐具摆放等步骤 • 台布和装饰物正面朝上，台面平整，四周均匀，中间线对准主位 • 餐具摆放包括味碟、汤碗、汤勺、筷子等，要求摆放整齐且姿态优雅 • 收餐具时摆放在身体左上方，技术要求准确迅速

任务环节	具体工作内容
职业技能提升工作	• 通过全面提升职工技能，提高服务质量和客户满意度 • 积极注重社会人才培养，发挥社会文化优势，提供职业培训课程 • 提供优质的行政工作和美食文化服务，促进社区发展 • 努力推动产业品牌发展，提升行业竞争力
贵宾接待服务工作	• 接待贵宾入住，包括办理入住手续、引导至房间、介绍房间设施等步骤 • 强调服务过程中的礼貌和效率，确保贵宾感受到舒适和便利 • 处理突发情况，如宴会推迟等，保持与贵宾的沟通畅通

（三）任务实施

1. 创新设计理念，实践综合育人新高度

创新实施"2+1+1+n"的设计思路，全面展示岗位技能与职业素养。在"2+1+1+n"的设计思路里，第一个"2"代表着大数据赋能与中国传统文化活字印刷这两大核心元素的深度融合。参赛队巧妙地将现代大数据技术的精准分析能力与古老的中国传统文化活字印刷的独特魅力相结合，让科技与文化在酒店服务场景中碰撞出奇妙的火花。一方面，借助大数据的力量，精准洞察宾客需求，从细微处着手，为每一位客人定制专属服务体验，极大提升服务质量；另一方面，将活字印刷文化全方位融入酒店环境与服务流程，使宾客在享受现代便捷服务的同时，沉浸于传统文化的浓厚氛围之中，实现了传统与现代的有机统一。

"1"则聚焦打造一条贯穿始终的沉浸式服务主线。从宾客踏入酒店的那一刻起，便开启一段独特的文化之旅。从大堂充满活字印刷元素的装饰，到客房内精心布置的与活字印刷相关的物件，再到专属的活字印刷体验区，每一个环节都紧密相连，让宾客仿佛穿越时空，深度感受活字印刷文化的魅力，在整个入住过程中都沉浸在精心营造的文化氛围里，全方位提升宾客的体验感。

另一个"1"着重于构建一套完整且高效的运营管理体系。大数据在此发挥着关键作用，它助力酒店精准预测客源、合理安排客房与人员调配，优化餐饮供应流程，确保酒店运营的每一个环节都能高效运转。通过对各项数据的实时监测与分析，及时调整运营策略，以应对各种复杂情况，在保障服务质量的同时，提升酒店的整体运营效率，实现资源的最大化利用。

"n"代表着多元拓展，即通过多种形式的活动与服务，进一步丰富宾客体验，全面培养学生的职业素养。例如，组织学生参与非遗传承人的活字印刷技艺学习，提升学生对传统文化的理解与传承能力；开展模拟商务洽谈活动，锻炼学生的沟通与商务应变能力；举办各类主题活动，培养学生的策划与组织能力等。这些丰富多样的活动，不仅让宾客拥有独特而难忘的体验，更让学生在实践中不断提升自身的综合职业素养，为未来的职业发展奠定坚实的基础。

2. 数据技术赋能，开启智慧服务新篇章

充分运用大数据技术分析客户的喜好习惯，从而提前布置好房间，提供个性化的欢迎礼品，并配备客房智能控制系统，让客人轻松调节房间温度和照明。在当今数字化浪潮汹涌澎湃、席卷全球的时代背景下，数据技术赋能无疑已成为酒店行业突破传统服务模式，实现跨越式服务升级，从而成功开启智慧服务全新篇章的核心且关键的驱动力。参赛队在酒店服务赛项中，以卓越的前瞻性思维和扎实的实践能力，深度且全面地践行这一前沿理念，将大数据技术如同灵动的丝线一般，巧妙且毫无保留地融入酒店运营的每一处关键环节，编织出一张精密且高效的智慧服务网络。

为能精准无误地洞察客户的深层需求，参赛队匠心独运地构建起一套极为完善且全面的数据收集体系。这一体系犹如一张广阔无垠的大网，广泛且深入地汇聚来自线上预订平台、客户入住期间翔实的反馈信息、会员信息登记系统等多个维度、不同渠道的数据资源。紧接着，借助先进且复杂的大数据分析算法，如同经验丰富的淘金者在海量沙砾中筛选真金一般，对这些庞大而繁杂的数据进行深度挖掘与细致分析。通过这一过程，精准提炼出客户那千差万别的喜好习惯，大到客人对整体房间风格的偏好，小至客人日常使用的牙刷软硬度、睡前喜欢聆听的音乐类型，事无巨细，皆能被精准无误地把握。

基于这些经过深度剖析且细致入微的数据分析结果，酒店在客人尚未踏入酒店大门之前，便已悄然奏响贴心服务的序曲。客房团队宛如技艺精湛的艺术家，依据客人独特的偏好，提前全身心投入精心布置房间的工作中。倘若通过数据分析了解到客人喜爱充满自然简约风格的居住环境，客房内便会精心布置上以淡雅色调为主调、描绘着宁静自然风光的装饰画，同时在窗台等位置巧妙摆放上生机盎然的清新绿植，为客人营造出仿佛置身于自然怀抱的惬意氛围；若客人钟情于某一特定品牌的洗护用品，酒店工作人员定会提前在浴室的置物架上摆放妥当，确保客人在入住时能感受到熟悉与舒适。与此同时，为给予客人温馨难忘、铭刻于心的入住初体验，酒店还会依据客人过往丰富的消费行为与多元的兴趣爱好，精心策划并挑选个性化的欢迎礼品。例如，针对喜爱摄影的客人，送上定制的带有其过往摄影作品元素的精美拼图，或是轻便实用的便携三脚架，助力其更好地捕捉精彩瞬间；对于热爱文学的客人，则会精心准备一本其长期以来心仪作家的最新著作，让客人在闲暇之余能沉浸在文学的浩瀚海洋中。

不仅如此，酒店还紧跟科技发展潮流，全面且系统地配备了先进的客房智能控制系统，致力于为客人打造一个便捷随心、如同在家一般自在的居住环境。当客人满怀期待地踏入房间后，仅需通过手中便捷的手机端应用程序，或是房间内布局合理、操作简便的智能控制面板，就能轻松实现对房间温度和照明的精准调节。想象一下，若客人在夜间享受阅读时光时，习惯柔和且温暖的光线氛围，只需轻轻点击手机屏幕或按下控制面板上的对应按钮，房间的灯光便能瞬间调整至适宜的亮度与温馨的色温，为客人营造出最佳的阅读环境；当客人在忙碌了一天后，渴望在舒适的睡眠温度中放松身心，简单的操作即可让房间内的空调迅速调整到理想温度，真正做到让客人掌控房间环境，尽情享受科技带来的便捷与舒适，从各个维度全方位开启智慧服务的全新篇章。

3. 推陈出新创意，打造创新服务新典范

主题创意源自中国古代四大发明之一的活字印刷术，向宾客展示中华文明的深厚底蕴，彰显民族自信。在酒店服务领域不断追求突破与创新的征程中，推陈出新已然成为打造创新服务新典范的关键所在。参赛队凭借卓越的创意构思，将目光聚焦中国古代四大发明之一的活字印刷术，以此为灵感源泉，精心雕琢出别具一格的酒店主题创意，致力于向来自五湖四海的宾客全方位展示中华文明源远流长且深厚无比的底蕴，在服务过程中自然而然地彰显出强烈的民族自信。

踏入酒店大堂，一幅融合了现代设计与古老活字印刷元素的宏大画卷便在宾客眼前徐徐展开。地面采用特制的仿活字印刷版地砖铺设，每一块地砖上都雕刻着经典的汉字或诗词片段，宾客行走其间，仿佛穿越时空，踏上了一场探寻古老文化的奇妙之旅。大堂的背景墙更是以活字印刷工具为原型进行艺术化创作，巨大的活字模型错落有致地排列组合，勾勒出一幅气势恢宏又极具文化韵味的独特景观。

步入客房区域，处处可见活字印刷元素与现代装饰的精妙融合。房门上的房号摒弃了传统数字标识，采用活字印刷工艺定制而成，每一个字符都散发着古朴的气息。房间内，床头背景墙以活字印刷的方式呈现出中国古代经典的山水画作或诗词名篇，搭配柔和的灯光，营造出宁静且富有文化氛围的休息空间。客房内的便笺纸、信封等文具，均采用活字印刷工艺制作，宾客在使用过程中，能够亲身感受古老印刷技艺的独特魅力。

为进一步深化宾客对活字印刷术的体验，酒店特别策划了一系列精彩纷呈的文化活动。在酒店的文化体验区，专业的非遗传承人现场演示活字印刷的全过程，从活字的排版、涂墨，到纸张的铺展、印刷，每一个步骤都向宾客细致讲解。宾客们不仅能够近距离观看，还能亲自上手参与，在传承人的指导下，亲手制作属于自己的活字印刷作品，将这份独特的文化记忆带回家中。此外，酒店还定期举办活字印刷主题的文化讲座，邀请专家学者深入解读活字印刷术在中华文明发展进程中的重要意义以及其对世界文明传播的深远影响，让宾客在享受舒适住宿的同时，也能汲取丰富的文化知识。

酒店在餐饮服务方面同样巧妙融入活字印刷主题。餐厅的菜单设计独具匠心，采用活字印刷风格的排版，菜品名称与介绍以古朴的字体呈现，为宾客带来视觉上的独特享受。在一些特色菜品的呈现上，也融入了活字印刷的创意元素，例如，用可食用的色素在精致的点心表面印上活字印刷图案，或是将菜品的装饰摆盘设计成活字印刷版的造型，让宾客在品尝美食的过程中，也能感受到浓厚的文化氛围。

通过这一系列全方位、多层次的创意设计与服务策划，酒店成功地将活字印刷这一古老的中华文明瑰宝融入每一个服务细节之中，为宾客打造出独一无二的入住体验，当之无愧地成为创新服务的新典范，在向世界展示中华文明深厚底蕴的同时，也让每一位宾客深刻感受到中华民族的伟大智慧与文化自信。

（四）任务相关图片集锦（见图 5-4-2~ 图 5-4-7）

图 5-4-2　班前会场景

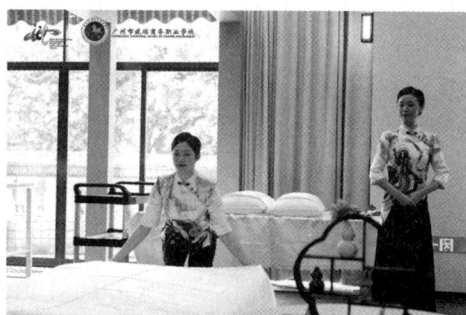

图 5-4-3　客房服务场景

图 5-4-4　客房欢迎礼品布置

图 5-4-5　工夫茶服务场景

图 5-4-6　餐饮服务场景 1

图 5-4-7　餐饮服务场景 2

→ **实训实施**

一、其他类型主题活动策划实训

（一）实训要求（见表 5-4-2）

表 5-4-2　其他类型主题活动策划实训要求

实训场景	• 场景 1：环保主题活动 • 场景 2：科技主题活动
实训准备	• 收集国赛及行业创新案例 • 编制环保 / 科技 / 艺术主题服务标准 • 环保主题：可回收装饰材料、碳足迹计算器、环保宣传手册 • 科技主题：AI 机器人编程软件、VR 设备、智能客房控制系统 • 虚拟宾客档案（如环保组织成员、科技爱好者）
实训方法	• 跨界服务设计：将环保、科技元素分解至三大服务模块（前厅、客房、餐饮） • 技术赋能训练：学习智能设备操作 • 可持续性评估：计算活动碳减排量、科技设备使用效率，优化服务方案
实训规则与要求	• 每组需选择 1 种创新主题（环保 / 科技），完成三大服务模块设计 • 服务流程需包含（环保 / 科技）教育环节 • 前厅服务需提供主题特色欢迎礼 • 客房服务需嵌入主题体验 • 餐饮服务需搭配主题套餐
模拟实训评分表	如表 5-4-3 所示

（二）实训考核

表 5-4-3　其他类型主题活动实训评分

评分项目	评分标准	分值	得分
职业素养	• 主题知识储备（如环保政策、科技原理、艺术流派） • 双语服务能力（专业术语准确性） • 服务礼仪规范性（如科技主题"未来感"着装）	20	
专业技能	• 主题元素融入服务模块（前厅、客房、餐饮） • 技术设备操作规范性（如 AI 机器人编程、VR 设备调试） • 服务流程创新性（如环保主题"垃圾变宝"互动）	30	

评分项目	评分标准	分值	得分
团队协作	•跨部门技术协作（如客房智能系统与餐饮全息投影联动） •技术故障应急处理（如 AI 机器人宕机修复） •跨界资源对接能力（如联系环保组织、科技公司）	15	
应用价值	•酒店收益提升（如科技主题客房溢价率 ≥ 20%） •社会效益（如环保主题碳减排量计算） •方案行业适配性（可推广至同类型酒店）	20	
创新创意	•主题服务模式创新（如环保主题"碳积分奖励"） •科技赋能亮点（如区块链溯源餐饮食材） •艺术服务产品化（如客房数字艺术衍生品）	15	
总分		100	
教师评价：			

任务 1 前厅服务创新设计

学习目标

1. 熟悉前厅服务创新的特点与基本原则。

2. 熟悉前厅服务创新的策略。

3. 掌握前厅服务创新的方法，能够根据实际经营或场景需求进行前厅服务创新设计。

知识准备

一、前厅服务创新

（一）前厅服务特点

前厅服务作为酒店运营的关键环节，是客人与酒店接触的首要窗口，其服务质量直接关乎客人的入住体验与酒店的整体形象。它具有以下显著特点。

1. 综合性

前厅服务范畴广泛，集接待、问询、预订、结账等多项核心业务于一体。

员工不仅要熟练掌握各业务流程，还须具备丰富的知识储备，以便灵活应对客人诸如旅游咨询、交通安排等各类复杂需求。

2. 即时性

客人在前厅提出的需求具有紧迫性，这就要求员工保持高度的注意力和快速反应能力。无论是快速办理入住、解答疑问，还是处理突发状况，都需在第一时间给予客人准确且有效的回应，确保服务效率。

3. 首因性

客人踏入酒店，前厅服务便是他们对酒店的第一感知。热情友好的接待、整洁有序的环境、专业高效的服务流程，这些积极的初次印象会为后续入住体验奠定良好基础；反之则可能影响客人对酒店的整体评价。

4. 协调性

为了给客人提供连贯、优质的服务，前厅需要与酒店内多个部门紧密配合。例如，与客房部协调房间分配与清洁进度，与餐饮部沟通客人用餐安排，携手工程部解决设施设备问题等，保障酒店服务的一致性和流畅性。

（二）前厅服务创新原则

1. 顾客导向原则

顾客导向原则是前厅服务创新的核心基石，强调服务人员须具备敏锐的需求洞察力和高效的服务响应能力。在实际服务场景中，前厅接待人员应精准识别不同客群的差异化需求，并通过量身定制的服务方案，进一步提升顾客的入住体验。针对商务旅客，应快速高效地办理入住手续，并主动提供与日程安排相关的实用信息；而对于老年宾客，则优先安排便利性高的客房，同时由专人引导并详细讲解设施使用方法，以个性化服务充分体现顾客导向原则的核心价值。

2. 高效性原则

时间是客人极为看重的因素。引入先进的管理系统，优化预订、入住、退房流程，减少烦琐的环节。例如，通过与在线旅游平台的深度合作，实现客人信息的提前录入，客人到达酒店后只需简单确认即可快速拿到房卡；利用移动支付技术，让客人可以在房间内完成退房结账，避免在前台排队等待，显著提高服务效率，为客人节省时间。

3. 成本收益平衡原则

创新不应是无节制地投入。酒店可以先对创新项目进行成本预估和收益分析，优先选择那些投入产出比较高的项目。比如，利用社交媒体平台进行客户服务创新，无须投入大量资金，就能实现与客人的实时互动，及时解决客人的问题，提升客户黏性。同时，合理调配内部资源，通过员工培训提升工作效率，减少不必要的人力成本，确保创新在可控的成本范围内实现效益最大化。

4. 可持续发展原则

在环保意识日益增强的今天，前厅服务创新也要融入可持续发展理念。一方面，采用环保材料制作前台宣传资料、房卡等，减少纸张浪费；另一方面，鼓励客人参与环保行动，如提供环保积分，客人参与减少毛巾更换次数、垃圾分类等活动可获得积分，用于兑换酒店服务或礼品。这种方式既能降低酒店运营成本，又能提升酒店的社会责任感，树立良好的品牌形象。

5. 品牌一致性原则

酒店品牌是客人选择的重要依据。豪华型酒店在前厅服务创新时，可围绕高端、奢华的品牌定位，提供如私人管家服务、定制化欢迎饮品等；经济型酒店则应突出便捷、实惠的特点，推出快速入住套餐、免费早餐打包服务等。确保创新服务与品牌形象紧密契合，强化客人对酒店品牌的认知度和忠诚度。

（三）前厅服务创新策略

1. 优化服务流程

传统的前厅服务流程可能存在诸多烦琐的环节，严重影响客人的入住体验。酒店应全面审视服务流程，进行系统性优化。以入住登记环节为例，可将原本复杂的多页登记表格简化为关键信息采集单，只要求客人填写必要的姓名、联系方式、证件号码等，其余信息通过与预订系统、公安身份验证系统的对接自动获取，大幅减少客人手动填写的时间。同时，打破业务部门之间的壁垒，将原本分开的预订确认、押金收取、房卡发放等流程进行整合。客人到达酒店后，前台工作人员一次性完成所有手续办理，让客人能够快速前往房间休息，避免在前台长时间等待（见图6-1-1、图6-1-2）。

图 6-1-1　前厅服务接待流程优化

图 6-1-2　在线入住登记

2.引入智能技术

随着科技的飞速发展，智能技术在酒店前厅服务中的应用越来越广泛。智能自助入住设备是提升服务效率的有力工具，客人在设备上输入预订信息，通过身份验证后，即可自主选择楼层、房间朝向等，自行打印房卡完成入住。这不仅减轻了前台工作人员的工作压力，还能满足客人随时入住的需求，尤其是在夜间或高峰时段，优势更为明显。人脸识别技术也为无接触服务提供了可能，客人在进入酒店时，通过人脸识别系统自动识别身份，系统快速匹配预订信息，直接引导客人前往房间，无须再到前台办理手续，既提升了服务的便捷性，又符合当下卫生安全的需求（见图 6-1-3、图 6-1-4）。

图 6-1-3　人脸识别技术应用

图 6-1-4　自媒体技术应用

3.开展个性化服务

每个客人都有独特的需求和偏好，开展个性化服务能够极大地提升客人的满意度和忠诚度。酒店可以通过建立完善的客户关系管理系统，收集客人的历史入住记录、消费习惯、特殊需求等信息。当客人再次预订时，系统自动提醒前台工作人员。例如，了解到某位常客喜欢靠窗的房间，在其下次入住时，优先为其安排靠窗的房间；对于有食物过敏史的客人，在餐饮服务中特别提醒厨房注意食材的选择和烹饪方式。在特殊节日或客人的生日等纪念日，为客人送上精心准备的小礼物或特别的房间布置，让客人感受到酒店的用心和关怀（见图 6-1-5、图 6-1-6）。

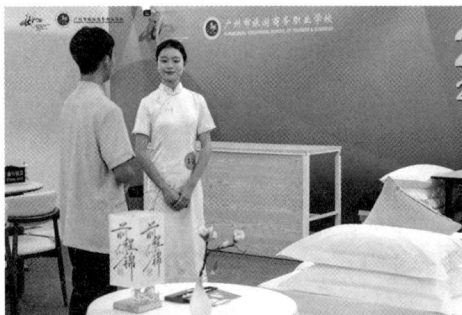

图 6-1-5　个性化房间布置 1

图 6-1-6　地方特色欢迎服务提供

4. 建立客户反馈机制

客户反馈是酒店改进服务、进行创新的重要依据。酒店应建立多渠道的客户反馈机制，通过在线预订平台的评价系统、酒店官方网站的反馈表单、电话回访、现场面对面交流等方式，广泛收集客人的意见和建议。对收集到的反馈信息进行详细分类，如服务态度、设施设备、餐饮质量、入住流程等，运用数据分析工具进行深入分析，找出服务中存在的共性问题和关键痛点。根据分析结果，制定针对性的改进措施，及时调整创新策略。例如，如果大量客人反馈前台办理入住手续等待时间过长，酒店就可以重点优化入住流程，引入智能设备或增加前台工作人员数量。

5. 跨界合作

酒店可以突破自身行业的局限，与周边的旅游景点、餐厅、交通枢纽等开展跨界合作。与热门旅游景点合作推出套票，客人在酒店前台即可购买景点门票，并享受酒店提供的接送服务；与特色餐厅合作，为客人提供餐饮预订和推荐服务，丰富客人的用餐选择；与机场、高铁站等交通枢纽合作，提供行李寄存、代订车票、机票等服务，为客人的出行提供便利。同时，积极学习其他行业的先进服务理念和模式。比如，借鉴银行的贵宾服务模式，为酒店的高端会员打造专属的贵宾接待区，提供私密、舒适的服务环境，配备专属的服务人员，提供一对一的贴心服务（见图 6-1-7、图 6-1-8）。

图 6-1-7　行政酒廊个性化酒水服务 1　　　图 6-1-8　行政酒廊个性化酒水服务 2

➡ 实训实施

一、前厅服务创新设计

（一）实训要求（见表 6-1-1）

表 6-1-1　前厅服务创新实训要求

实训场景要求	模拟真实的酒店前厅环境，包括接待台、休息区、行李存放区等。场景布置需符合酒店星级标准，营造出舒适、专业的氛围
实训工具要求	配备电脑、酒店预订系统、打印机、电话、房卡制作器、行李车、各类表单（入住登记表、退房结算单等）
实训角色扮演要求	•前台接待员：负责客人的接待、入住登记、退房结算等工作，需展现出专业、热情的服务态度 •客人：扮演不同类型的客人，如商务客人、旅游客人、投诉客人等，提出各种需求和问题，考验前台接待员的应变能力 •大堂经理：负责协调处理各种突发情况，监督前台工作，确保服务质量

续表

实训规则要求	·接待流程需符合酒店行业标准，不得遗漏重要环节 ·面对客人的问题和需求，需在规定时间内做出响应并解决 ·注重服务细节，如微笑、礼貌用语、肢体语言等 ·鼓励创新服务方式，但需确保不影响正常服务流程和客人体验
实训评分表	如表 6-1-2 所示

（二）实训考核

表 6-1-2　前厅服务创新实训评分

评分项目	评分标准	分值	得分
接待流程完整性	流程规范，无遗漏	20	
服务态度	热情、礼貌、耐心，积极主动	20	
应变能力	能迅速、妥善处理各类突发情况	20	
创新服务	有切实可行的创新服务，且提升客人的体验	20	
团队协作	团队成员配合默契，沟通顺畅	20	
总分		100	
教师评价：			

任务 2　客房服务创新设计

学习目标

1. 熟悉客房服务创新的特点与基本原则。

2. 熟悉客房服务创新的策略。

3. 掌握客房服务创新的方法，能够根据实际经营或场景需求进行客房服务创新设计。

📖 知识准备

一、客房服务特点

高星级酒店客房服务的重点是满足客人对品质与舒适的追求，以下从服务的私密性、精细化、全天性、个性化方面进行论述。

（一）私密性

在高星级酒店中，客人的隐私被视为重中之重。服务人员会严格按照客人的意愿安排服务时间，在进入客房前，会通过电话、门铃等方式确认客人是否方便。进入房间后，服务人员会保持安静高效的工作状态，避免发出不必要的声响干扰客人休息或工作。例如，客房清洁通常会选择在客人外出游玩或办公的时间段进行，确保客人返回房间时，既能享受整洁舒适的环境，又不会感到隐私被侵犯。同时，酒店在客房设计上也注重隐私保护，采用隔音良好的材料和合理的布局，让客人在房间内能够安心享受独处时光。

（二）精细化

高星级酒店客房服务的精细化体现在每一个细节之中。从床铺的整理来看，服务员会将床单、被套平整地铺好，每一个角都折叠得整齐划一，保证床铺的美观和舒适。布草的选择更是严苛，选用高支数的纯棉材质，不仅柔软亲肤，还具有良好的透气性，让客人仿佛置身于家中的舒适床铺。房间物品的摆放也遵循精心设计的标准，从茶杯、文具到装饰品，都摆放得恰到好处，既方便客人使用，又具有美感。此外，卫生间的洗漱用品摆放也十分讲究，从牙刷、牙膏的朝向，到毛巾的折叠方式，都体现了酒店对细节的极致追求。

（三）全天性

高星级酒店的客房服务是全天候不间断的。无论客人在深夜感到饥饿，还是凌晨遇到突发问题，只需拨打客房服务电话，就能迅速得到回应和帮助。深夜，客人可以通过客房送餐服务品尝到美味的夜宵，无论是精致的小吃还是热乎乎的汤品，都能及时送到客人房间。如果客人在凌晨发现房间的设施设备出现故障，如空调不制冷、电灯不亮等，酒店的维修人员会在第一时间赶到现场进行维修，确保客人的住宿不受影响。这种 24hs 的贴心服务，让客人无论何时都能感受到酒店的关怀。

（四）个性化

为了满足不同客人的特殊需求，高星级酒店提供丰富多样的个性化服务。对于有健身需求的客人，酒店可以在房间内配备小型的健身器材，如瑜伽垫、哑铃等，让客人即使在旅途中也能保持锻炼的习惯。对于睡眠质量较差的客人，酒店会提供多种类型的枕头，如荞麦枕、乳胶枕、记忆棉枕等，供客人根据自己的喜好选择，以提高睡眠质量。如果客人有特殊的饮食要求，如素食、低糖等，酒店的客房送餐服务也会尽力满足，为客人提供定制化的餐食。

二、客房服务创新原则

客房服务的质量直接关系到客人的入住体验，明确且合理的服务原则是提供优质服务的关键。

（一）舒适体验优先原则

客房服务致力于为客人打造极致舒适的居住空间——从精心挑选的高舒适度床垫，确保客人能拥有良好的睡眠质量，到依据人体舒适度科学调节室内温度、湿度，营造宜人的居住环境。同时，提供高品质的床上用品、柔软的毛巾以及贴合肌肤的洗浴用品，全方位满足客人在休息与生活细节上的舒适需求，让客人在客房内能够充分放松身心，享受惬意的居住时光。

（二）安全保障原则

安全是客房服务的重要基石。酒店需定期对客房门锁、窗户等硬件设施进行严格检查与维护，确保其安全性能良好，有效防止各类安全隐患。此外，完善的消防安全体系不可或缺，客房内配备齐全且功能完好的消防设备，如灭火器、烟雾报警器等，并定期组织员工进行消防演练，提升应急处理能力，让客人在入住期间拥有绝对的安全感，安心享受旅程。

（三）清洁卫生原则

维持客房的整洁卫生是服务的基本要求。酒店应执行严谨、规范的清洁流程，每日对客房进行全面清扫，包括地面清洁、家具擦拭等。及时更换干净的布草，确保每一位客人使用的床单、被套、毛巾等都是清洁无菌的。对卫生间进行深度清洁与消毒，从马桶、浴缸到洗手台，不放过任何一个卫生死角，为客人提供健康、清新的居住环境。

（四）隐私保护原则

尊重客人隐私是客房服务的重要准则。在服务过程中，严格遵循非必要不打扰的原则，合理安排服务时间，如在客人外出时进行房间清洁等。同时，妥善处理客人的个人信息，无论是入住登记信息还是服务过程中获取的信息，都严格保密，不随意泄露，让客人在客房内拥有完全属于自己的私密空间，享受不受干扰的居住体验。

三、客房服务创新策略

（一）智能化设备升级

在科技飞速发展的当下，智能化成为提升客房服务品质的关键要素。酒店可在客房内全面部署智能控制系统，客人仅需通过一部手机或者房间内的智能面板，就能轻松实现对灯光亮度、颜色以及开关的调节，营造出温馨浪漫或明亮高效的不同氛围；电动窗帘也能按照客人的指令，定时开合，让清晨的阳光温柔地唤醒沉睡的客人，或是在夜晚为客人打造静谧的睡眠环境。除此之外，智能睡眠监测床垫的应用更是一大亮点，它能够精准分析客人的睡眠周期、心率、呼吸频率等数据，在客人起床后，通过配套的 App 为客人提供专业的睡眠报告以及个性化的改善建议，帮助客人在旅途中也能关注自身健康，提升睡眠质量。

（二）定制化服务策略

为满足不同类型客人的多样化需求，酒店应精心设计定制化服务套餐。对于忙碌的商务客人，时间就是金钱，一份包含高速稳定网络、多功能办公设备租赁，如打印机、复印机、投影仪等，以及文件打印装订、商务秘书服务的套餐，能让他们在客房内也能高效地开展工作，不受场地限制。而对于前来休闲度假的客人，酒店可以准备融合当地特色美食的丰盛早餐，协助预订热门景区门票，提供详细且实用的当地游玩攻略，甚至可以安排特色的文化体验活动，如手工制作、民俗表演观赏等，让客人深入感受当地风土人情，尽情享受惬意的度假时光（见图 6-2-1、图 6-2-2）。

图 6-2-1　节庆主题布置

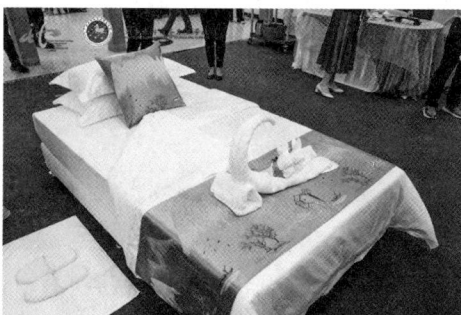

图 6-2-2　主题夜床布置

（三）绿色环保服务

随着环保意识的日益增强，绿色环保服务已成为酒店行业的发展趋势。在客房内，酒店应积极推广环保举措，将一次性塑料用品替换为可降解材质的产品，如可降解的牙刷、梳子、拖鞋等，从源头上减少塑料垃圾的产生。同时，鼓励客人参与节能减排行动，设立环保积分制度，客人每减少一次一次性用品的使用，或者正确进行垃圾分类，都能获得相应积分，这些积分可用于兑换酒店的特色服务，如 SPA 体验、特色餐饮优惠券等，以此激励客人共同为环保事业贡献力量。

（四）客房美学设计

客房不再仅是一个休息的空间，更是一个能让客人沉浸其中、感受美的场所。酒店在客房设计上应注重空间布局的合理性与装饰美学的融合，巧妙融入当地独特的文化元素或别具一格的设计风格。例如，在具有历史文化底蕴的城市，客房内可悬挂当地著名的历史场景的画作，摆放传统手工艺品，如剪纸、刺绣等，让客人在休息的同时，领略当地的历史文化魅力；在旅游城市的酒店客房，则可以采用地方性民俗文化主题的装饰，如丝绸、壁画等，营造出古典浪漫的文化氛围（见图 6-2-3、图 6-2-4）。

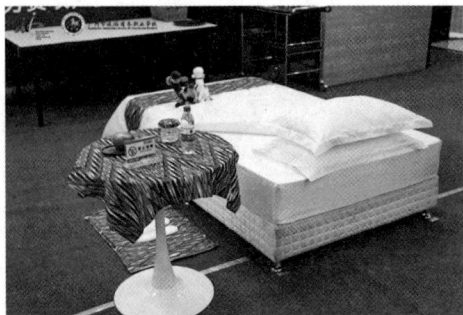

图 6-2-3　民俗文化主题客房布置

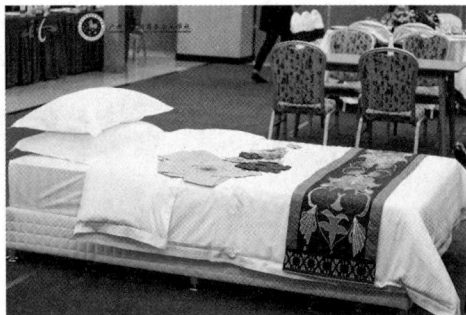

图 6-2-4　非遗主题客房布置

（五）深化客房服务细节

细节决定成败，在客房服务中，从细微之处入手，往往能给客人带来意想不到的惊喜。在客人入住前，通过客户关系管理系统了解客人的偏好，为其准备一份精心挑选的个性化欢迎水果，附上一张手写的欢迎卡片，传递酒店的诚挚心意。在卫生间安装加热毛巾架，让客人随时都能使用到温暖干燥的毛巾，提升生活的舒适度；在床边放置一个贴心的睡眠香薰，帮助客人放松身心，更快进入甜美的梦乡。这些看似微不足道的细节，却能极大地提升客人的入住体验，增强客人对酒店的好感度（见图 6-2-5、图 6-2-6）。

图 6-2-5　助眠饮品服务

图 6-2-6　地方特色点心

→ **实训实施**

一、客房服务创新设计

（一）实训要求（见表6-2-1）

表6-2-1　客房服务创新实训要求

实训场景要求	模拟多种类型的酒店客房，如标准间、大床房、套房等，房间内布置齐全，包括床品、家具、电器、卫生间设施等，且需按照酒店客房的实际标准进行布置，营造出真实、舒适的居住环境
实训工具要求	配备专业的客房清洁工具，如吸尘器、拖把、抹布、清洁剂、清洁刷等；更换布草所需的干净床单、被套、枕套；客房服务车用于放置各类清洁用品和更换物品；对讲机方便客房服务人员与其他部门沟通
实训角色扮演要求	• 客房服务员：负责客房的清洁、整理、物品更换以及客人入住期间的各类服务需求，须具备细致、耐心的服务品质 • 客人：扮演不同需求的住客，如要求额外毛巾、需要延迟退房、对房间设施有疑问等，检验客房服务员的服务能力 • 客房主管：监督客房服务过程，处理较为复杂的客人投诉和特殊情况，确保客房服务质量符合标准
实训规则要求	• 客房清洁流程要严格按照酒店规定的标准操作，包括清洁顺序、消毒要求等，不得随意简化步骤 • 对于客人提出的需求，要在规定时间内响应并尽力满足，紧急需求需立即处理 • 注重客房服务的私密性和及时性，避免打扰客人休息，同时确保服务的高效完成 • 鼓励创新服务方式，如提供个性化的房间布置，但要以不影响客房正常运营和客人感受为前提
实训评分表	如表6-2-2所示

（二）实训考核

表6-2-2　客房服务创新实训评分

评分项目	评分标准	分值	得分
清洁质量	房间清洁彻底，物品摆放整齐，符合卫生标准	25	
服务响应速度	能在规定时间内快速响应客人的需求，无拖延	20	
服务态度	热情、礼貌、周到，积极主动解决客人的问题	20	

续表

评分项目	评分标准	分值	得分
创新服务	有独特且实用的创新服务举措，显著提升客人满意度	20	
团队协作	与其他客房服务人员、客房主管及其他部门协作良好，信息传递及时、准确	15	
总分		100	
教师评价：			

任务 3 餐饮服务创新设计

学习目标

1. 熟悉餐饮服务创新的特点与基本原则。

2. 熟悉餐饮服务创新的策略。

3. 掌握餐饮服务创新的方法，能够根据实际经营或场景需求进行餐饮服务创新设计。

知识准备

一、餐饮服务特点与创新原则

餐饮服务创新与酒店前厅、客房服务创新存在较大差异，餐饮服务创新侧重食品加工与制作创新、顾客体验创新、餐饮对客服务场景及流程创新等。进行餐饮服务创新时需基于餐饮服务特点与创新原则进行创新设计。

（一）**餐饮服务特点**

1. 餐饮服务的即时性

餐饮服务的即时性，集中体现为对顾客需求的快速响应与高效处理。由于顾客用餐场景具有高度随机性，从踏入餐厅的那一刻起，任何需求都需被及时捕捉并迅速解决。无论是需要温水缓解旅途疲惫，还是临时变更菜品、加急出餐等诉求，服务人员都应保持高度专注，凭借娴熟的沟通协调能力，与厨房团队紧密配合，在点单、备餐、上菜全流程中最大限度地压缩等待时间。

此外，即时性还贯穿于突发情况的应对。用餐过程中，无论是因顾客自身原因还是客观因素引发的意外状况，服务人员都需迅速启动应急预案，以专业且灵活的方式妥善处理，从而全方位保障顾客的用餐体验与满意度。

2. 餐饮服务的个性化

每位顾客都是独特的个体，其口味偏好、饮食习惯千差万别。因此，餐饮服务需提供丰富多样的菜品，满足不同顾客的需求。不仅如此，面对顾客的特殊饮食要求，如食物过敏、宗教忌口，或是对烹饪方式的特殊偏好，服务人员应具备敏锐的感知能力，及时与厨房沟通协调，灵活调整菜品制作，确保每一位顾客都能享受到满意的用餐体验。

3. 餐饮服务的综合性

餐饮服务绝非仅是菜品的制作与供应，它是一个涵盖多方面的综合体验。餐厅的环境氛围，从灯光的柔和度到背景音乐的选择，都在营造独特的用餐感受；餐具的精心摆放，体现出餐厅的审美与格调；而服务人员的热情态度、专业素养，则是连接顾客与餐厅的桥梁。这些元素相互交织，共同作用，优质的用餐环境与周到的服务，能够极大地提升整体餐饮的体验，让顾客流连忘返。

4. 餐饮服务的卫生安全性

食品卫生安全是餐饮服务的生命线，是不容有丝毫疏忽的底线。从食材的源头采购，严格筛选供应商，确保食材的新鲜度与品质；到食材的储存，遵循科学的分类与保鲜原则，防止交叉污染；再到厨房加工环节，严格执行卫生操作规范，把控每一道烹饪工序。只有每一个环节都严守卫生标准，才能为顾客提供安全、放心的美食，守护顾客的健康。

5. 餐饮服务的互动性

在餐饮服务过程中，服务人员与顾客之间的互动频繁且紧密。点餐时，服务人员需耐心倾听顾客需求，给予专业的菜品推荐；用餐时，要时刻关注顾客的状态，及时响应顾客的各种需求，如添加饮品、更换餐具等。面对顾客的反馈，无论是表扬还是建议，都应虚心接受，迅速处理，以积极的互动为顾客营造贴心、舒适的用餐氛围。

（二）餐饮服务创新原则

1. 顾客导向原则

在 2024 年世界职业院校技能大赛中职组酒店服务赛项争夺赛这一高水准竞技舞台上，精准洞察并满足不同顾客的多元需求是参赛选手的核心任务。商务顾客通常行程紧凑，为契合他们快节奏的用餐需求，选手需匠心独运，设计出既能在短时间内迅速出餐，又富含全面营养的商务套餐，确保他们在高效用餐的同时，能获取充沛的能量投入后续工作。而针对家庭聚餐的温馨场景，选手不仅要精心挑选符合全家口味的菜品，还需营造出舒适、宜人的用餐环境，从柔和的灯光布置到温馨的装饰点缀，让每一位家庭成员都能在此享受团聚的欢乐时光，真切感受到家的温暖。这是餐饮服务创新的根基所在。

2. 个性化定制原则

世界上没有完全相同的两片树叶，顾客的口味偏好、饮食禁忌和特殊需求同样千差万别。在赛事中，选手需要充分展现出因人而异提供个性化服务的能力。对于秉持素食主义的顾客，精心设计一系列丰富多样、独具特色的素食菜品，从创意素食沙拉到精致素食主菜，满足他们对健康与美味的追求。当遇到顾客庆祝特殊纪念日时，全力打造专属的浪漫用餐场景，从餐桌的玫瑰花瓣布置到定制的专属菜单，每一个细节都饱含心意，为顾客留下难忘而美好的回忆，从而大幅增强顾客对餐饮服务的认同感与忠诚度。

3. 绿色可持续原则

在全球环保意识日益高涨的当下，餐饮服务创新也必须紧跟时代步伐，朝着绿色可持续的方向坚定迈进。在大赛的实践场景中，选手可积极采用环保的可降解的餐具，有效减少一次性用品对环境的危害，比如使用玉米淀粉制成的餐具，既能满足使用需求，又能在自然环境中快速分解。在食材采购方面，优先选择本地、当季食材，缩短运输距离，降低碳排放，同时积极践行"光盘行动"，通过合理控制菜品分量、鼓励顾客打包剩余食物等方式，减少食材浪费，并对剩余食材进行巧妙处理与再利用，如将剩余的水果制作成美味的果酱，充分体现餐饮服务的社会责任与环保担当。

4. 文化传承与创新原则

餐饮文化作为地域文化的璀璨明珠，承载着深厚的历史底蕴与人文情感。在大赛的餐饮服务创新征程中，选手肩负着挖掘和传承地方特色饮食文化的重任。以经典粤菜为例，在保留其传统风味精髓的基础上，巧妙融入新的食材或烹饪方式，像是将传统的广东叉烧与现代分子料理技术相结合，创造出别具一格的口感体验。或是在菜品中融入当地特色文化元素，如用具有岭南特色的花纹装饰餐盘，让古老的饮食文化在新时代绽放出耀眼光芒，为顾客带来丰富多彩的用餐文化体验，让美食成为连接地域文化与食客心灵的桥梁。

5. 科技融合原则

身处数字化浪潮席卷的时代，科技已成为餐饮服务创新的强大引擎。在此次大赛中，参赛选手应积极借助科技手段全面优化服务流程。利用智能点餐系统，通过大数据分析顾客的历史订单和偏好，为其精准推荐心仪的菜品，提升点餐效率与满意度。引入线上预订和支付功能，打破时间与空间的限制，让顾客随时随地都能便捷地完成预订与支付操作。同时，大胆引入自动化厨房设备，如智能炒菜机器人、自动洗碗设备等，在提高菜品制作效率的同时，确保菜品质量的稳定性与一致性，实现科技与餐饮服务的深度融合，全方位提升服务水平。

二、餐饮服务创新策略

（一）中餐服务创新策略

（1）中餐菜品创新。挖掘各地特色食材进行融合创新，如将四川的麻辣调料与江南的精致点心相结合，创造出麻辣口味的苏式糕点。在传统烹饪技法基础上，引入现代科技，如利用低温慢煮技术制作东坡肉，使肉质更加酥软入味，同时保留更多营养成分。依据二十四节气推出应季养生菜品，像春季的香椿炒蛋、秋季的蟹黄豆腐等，满足食客对健康饮食的追求（见图6-3-1、图6-3-2）。

图 6-3-1　苏式糕点与水果

图 6-3-2　蟹宴—现场拆蟹

（2）中餐服务流程创新。借助移动互联网技术，开发线上预订和点菜系统，顾客可以提前预订餐位并选择菜品，到店即可用餐，减少等待时间。优化上菜顺序，除了传统的凉菜、热菜、汤品、主食的顺序之外，可根据顾客用餐目的和特殊需求灵活调整，如为赶时间的顾客优先上主食和热菜。在服务过程中，增加互动环节，如厨师现场制作特色面食，展示精湛的厨艺，增强顾客用餐的趣味性。

（3）中餐用餐环境创新。打造具有文化主题的中餐厅，如以古诗词为主题，通过诗词装饰、古乐演奏等营造出浓厚的文化氛围。利用灯光、音效等多媒体手段，根据不同菜品和用餐阶段营造相应的氛围，如在上烤鸭时，播放北京胡同的声音，增强场景代入感。设置开放式厨房，让顾客直观看到中餐烹饪的烟火气，感受独特的烹饪魅力（见图 6-3-3~ 图 6-3-6）。

图 6-3-3　中餐宴会主题餐台 1

图 6-3-4　中餐宴会主题餐台 2

图 6-3-5　中餐宴会主题餐台 3

图 6-3-6　中餐宴会主题餐台 4

（二）西餐服务创新策略

（1）西餐菜品创新。将西餐经典菜品与异国风味融合，如把墨西哥的辣椒和牛油果融入意大利面，创造出独特的口味组合。探索新的食材搭配，用本地特色食材替代部分传统西餐食材，如用中国的黑猪肉制作西式香肠，开发出具有本土特色的西餐菜品。注重菜品的健康化，减少高热量、高脂肪食材的使用，增加蔬菜、水果的比例，推出低脂、低糖的西餐套餐。

（2）西餐服务流程创新。提供定制化的西餐服务，根据顾客的口味偏好、饮食禁忌和特殊场合需求，量身定制菜单。引入自助式服务理念，在特定时段推出西餐自助，让顾客自由选择菜品，增加用餐的自主性。利用线上平台开展西餐烹饪课程直播，邀请专业厨师讲解西餐烹饪技巧，吸引潜在顾客，同时提升品牌知名度（见图 6-3-7、图 6-3-8）。

图 6-3-7　鸡尾酒调制与服务

图 6-3-8　葡萄酒侍酒服务

（3）西餐用餐环境创新。营造沉浸式的西餐用餐环境，如打造地中海风格的餐厅，通过蓝白相间的装饰、海浪音效等，让顾客仿佛置身于地中海沿岸。运用虚拟现实（VR）和增强现实（AR）技术，为顾客提供独特的用餐体验，如在品尝法国红酒时，通过 AR 技术展示法国葡萄园的美景。设置露天用餐区域，结合季节和天气，提供不同的户外用餐体验，如冬季的篝火晚餐、夏季的星空晚宴（见图 6-3-9~ 图 6-3-12）。

图 6-3-9　西餐主题餐台 1

图 6-3-10　西餐主题餐台 2

图 6-3-11　地方性非遗与西餐酒水融合

图 6-3-12　地方非遗与餐巾折花融合

➜ 实训实施

一、餐饮服务创新设计

（一）实训要求（见表6-3-1）

表6-3-1　餐饮服务创新实训要求

实训场景要求	•打造仿真中餐厅，设有散座区、包间，按照中式风格装修，融入传统元素，如中式屏风、红灯笼、传统字画等，营造浓厚的中式氛围 •划分出不同的功能区，包括开放式厨房展示区，能直观展示烹饪过程；互动体验区，用于开展文化活动或顾客互动
实训工具要求	•配备齐全的中餐烹饪工具，如各类锅具、刀具、蒸笼等，满足多种烹饪技法需求 •准备智能点餐设备、电子菜单，方便学员进行服务流程创新操作；同时配备多媒体设备，用于展示菜品文化或营造用餐氛围 •提供多种环保餐具，包括可降解的筷子、餐盒等，践行绿色理念
实训角色扮演要求	•厨师：负责菜品创新研发与制作，要熟练运用新烹饪技术，结合特色食材创造新菜品，在开放式厨房展示厨艺 •服务员：执行服务流程创新，如利用智能设备点餐、灵活安排上菜顺序，为顾客提供个性化服务，解答顾客疑问 •顾客：扮演不同类型的顾客，提出特殊需求，如饮食禁忌、赶时间用餐等，考验学员的应对能力 •餐厅经理：统筹全局，监督服务质量，处理突发情况，协调各岗位工作，推动用餐环境创新活动开展
实训规则要求	•菜品创新要结合顾客需求和市场趋势，至少运用一种新食材或新烹饪技术，且保证菜品口味、营养达标 •服务流程创新需严格按照规范操作智能设备，上菜顺序调整要合理，满足顾客的特殊需求，注重服务细节与礼貌 •用餐环境创新要根据不同主题或活动，及时调整布置，互动环节要积极引导顾客参与，营造良好氛围
实训评分表	如表6-3-2所示

（二）实训考核

表 6-3-2 餐饮服务创新实训评分

评分项目	评分标准	分值	得分
新菜品研发	成功研发新菜品，且食材搭配、口味独特，运用新烹饪技术合理	15	
菜品展示	在开放式厨房熟练展示厨艺，讲解清晰，菜品呈现美观	10	
顾客反馈	顾客对菜品满意度高，积极评价	5	
智能设备操作	熟练运用智能点餐设备，点餐、结账等流程迅速准确	10	
上菜顺序与服务	上菜顺序合理，满足顾客的特殊需求，服务热情周到，无失误	15	
顾客沟通	与顾客沟通顺畅，解答疑问准确，积极处理顾客反馈	5	
环境布置	根据不同主题或活动，迅速且合理地调整餐厅环境布置，营造出浓厚氛围	10	
互动环节	积极组织互动环节，顾客参与度高，有效提升用餐体验	10	
岗位协作	各岗位协作默契，信息传递及时，工作衔接顺畅	10	
问题解决	面对突发情况，团队能迅速响应，共同商讨解决办法，效果良好	10	
总分		100	
教师评价：			

任务 4　酒水服务创新设计

学习目标

1.熟悉酒水服务创新的特点与基本原则。

2.熟悉酒水服务创新的策略。

3.掌握酒水服务创新的方法，能够根据实际经营或场景需求进行酒水服务创新设计。

知识准备

一、酒水服务特点与创新原则

酒水服务是酒店对客服务的重要组成，也是餐饮服务中的重要环节。目前，酒水服务创新设计可以通过调制技术、酒品文化与酒水服务场景等维度的改变来区别于传统酒水服务，实现酒水服务创新。

（一）酒水服务特点

1.酒水专业知识丰富性

酒水服务人员需掌握全面的饮品知识体系，主要包括酒精饮品和无酒精饮品两大类。在茶饮服务方面，需熟悉茶叶品种、产地特征及冲泡工艺；咖啡服务则要求了解咖啡豆产区风味差异（如巴西豆的坚果香、埃塞俄比亚豆的花果调）及意式浓缩等饮品的制作技艺。葡萄酒服务需精通主要产区的特色及品鉴方法（观色、闻香、品味三步骤）；鸡尾酒服务则要掌握基酒特性及经典配方（如马天尼的调配比例）。这些专业知识是开展酒水创新服务的重要基础。

2.酒水服务流程规范性

各类酒水服务都有其严格的规范与流程，这些控制规范与流程是酒水服务质量的重要抓手，也是星级酒店酒水服务专业性的集中体现。在茶服务中，从茶具的选择与摆放，到茶叶的量取、水温控制、冲泡时间把握，再到奉茶礼仪，都有明确的规范与要求。在咖啡服务中，从研磨咖啡豆的粗细程度，到萃取咖啡的压力、时间，牛奶的打发与融合，都需精准操作，才能确保咖啡品质的稳定。葡萄酒服务从开瓶、醒酒、斟酒的动作规范，到酒具的选择，再到葡萄酒温度的控制等，都遵循一定的服务标准，严格执行此类标准是提供高品质葡萄酒服务的基本要求。鸡尾酒服务方面，从调酒器具的选择与使用，如摇酒器、调酒壶的正确操作，到装饰的制作与搭配，都要遵循严格的标准与要求。

3. 个性化定制服务

随着大众消费时代的来临，越来越多的消费者成为酒水消费的目标人群，而不同的人群对酒水服务的偏好存在较大差异，这就要求在提供酒水服务时，能根据顾客的口味偏好、场景需求提供个性化服务。对于喜欢清淡口味的顾客，茶服务可推荐安吉白茶；咖啡服务可制作低因拿铁。在庆祝活动中，葡萄酒服务可选择气泡丰富的香槟；鸡尾酒服务则能根据顾客喜欢的口味元素，如水果味、草本味，定制专属鸡尾酒。

4. 感官体验性

致力于为顾客营造全方位感官享受。茶服务通过茶具的精美、茶汤的色泽、茶香的萦绕，以及品茶时的宁静氛围，满足视觉、嗅觉、味觉体验。咖啡服务凭借咖啡的香气、拉花的艺术美感、入口的醇厚口感，给顾客带来愉悦。葡萄酒服务中，酒液的色泽、复杂的香气层次、在口腔中的风味变化，为顾客打造出独特体验。鸡尾酒服务则利用多彩的颜色、独特的香气、丰富的口感，以及创意的装饰，吸引顾客。

5. 文化内涵性

每种酒水背后都蕴含着深厚的文化。茶在东方文化中承载着礼仪、修身养性的内涵，如中国的茶道文化、日本的抹茶道。咖啡文化在西方社交中占据着重要地位，从意大利的浓缩咖啡文化，到美国的咖啡连锁文化。葡萄酒文化在欧洲历史悠久，从法国的酒庄文化，到葡萄酒与美食搭配的传统。鸡尾酒文化则融合了时尚、创意元素，在酒吧文化中独树一帜。

（二）茶饮品创新策略

1. 茶饮品的意境创新

茶饮品不仅是一种饮品，更是文化的体现。唐朝时期，张彦远在《历代名画记》中曾提及"意存笔先，画尽意在"的观点，可知"意"与"境"的重要性。但是，意境的形成并非一蹴而就，茶饮品也是如此。营造茶饮品意境之美，需要调配者对原料之美、器物之美、形态之美、空间之美等方面准确把握，并深刻理解茶饮品调配过程中的各个要素，如主题、人、程序、光线、音乐、气候与季节等（见图 6-4-1、图 6-4-2）。

图 6-4-1　盐韵茶香　　　　　　　图 6-4-2　点茶

2. 茶饮品呈现器具创新

随着消费升级，调饮茶器具的选择日趋多元化。现代消费者不仅注重茶饮口感，更追求视觉美感与精神享受。调饮茶器具主要分为传统和现代时尚两大类，其选用需综合考虑质地、色彩、器形与茶饮主题的协调性，同时兼顾个人品饮习惯和审美偏好（见图 6-4-3~图 6-4-6）。

图 6-4-3　茶饮品器具创新 1—点茶

图 6-4-4　茶饮品器具创新 2—工夫茶

图 6-4-5　茶饮品器具创新 3—盖碗茶

图 6-4-6　茶饮品器具创新 4—民俗茶

3. 茶饮品原料与功能创新

（1）茶与酒。中国自古就有草木入酒，温和酒性，调养身心的传统。以茶入酒，不仅可以令原本刚烈的美酒变得温醇，而且茶中含有的茶多酚、咖啡因、维生素 C 等物质具有健脾、提神、解渴等功效，有益身体健康。目前，以茶、酒为主要原料的茶酒调饮刚刚兴起，并且一般选用玻璃器具盛用，体现了茶酒调饮五彩缤纷的颜色和丰富的层次的特点（见图 6-4-7、图 6-4-8）。

图 6-4-7　普洱与红葡萄酒

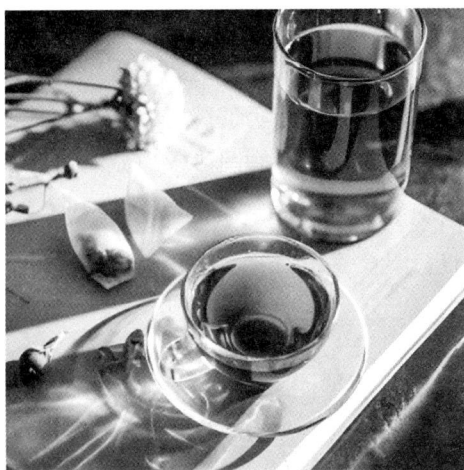

图 6-4-8　岩茶与黄酒

（2）茶与水果。茶与水果调饮主要有枣茶、星空香柠、柚果、梨茶、橘茶、香蕉茶、山楂茶、椰子茶、果粒茶、百香果柠檬绿茶等。一般而言，常用的水果茶茶底为茉莉绿茶、红茶和乌龙茶。水果茶具有一定的保健功效，不同的果茶功效各异，是一种天然的养生饮品（见图 6-4-9、图 6-4-10）。

图 6-4-9　茶与水果 1

图 6-4-10　茶与水果 2

（3）茶与奶。以茶和奶为基底的传统奶茶风靡世界，在欧美地区和亚洲国家都流行着不同种类的奶茶，原料和配比不同，风味也各异。除了各地特色各异的奶茶之外，奶茶还可以添加多种调料调配成不同的饮品。例如，在奶茶中添加蜂蜜和水果调制成水果奶茶；添加生姜调制成暖姜奶茶；添加玫瑰调制成玫瑰奶茶；添加坚果调制成坚果奶茶；添加咖啡调制成炭烧奶茶（见图6-4-11、图6-4-12）。

图 6-4-11　酥油茶

图 6-4-12　奶茶

（4）茶与咖啡。茶与咖啡代表了东西方不同的文化，茶之于中国犹如咖啡之于法国，不仅是一种饮品，更蕴含着悠久深厚的文化。茶与咖啡在制备工艺、品饮方法、文化内涵等方面均存在较大差异，但在食品类型、功能功效等方面具有异曲同工之妙。咖啡与茶的巧妙结合不仅可以增强其功效，还能丰富口感。调制咖啡与茶的混合饮品时，通常先分别冲泡或煎煮咖啡和茶叶，然后将茶叶制成茶汤与煮好的咖啡混合即可（见图6-4-13、图6-4-14）。

图 6-4-13　伯爵红茶咖啡

图 6-4-14　桂花乌龙咖啡

（三）咖啡饮品创新策略

1. 咖啡主题立意与命名创新

（1）与地域文化融合。创意咖啡能够结合的元素非常多，甚至可以表达地域文化。比如在泰国的某咖啡店，将咖啡与泰国香茅进行了融合，设计了一款"番茄凤梨香茅咖啡"，咖啡巧妙地融合了东南亚地域文化特色。从外观上看，杯中液体色泽丰富，冰块晶莹剔透，漂浮着的凤梨干片与新鲜香茅梗散发着自然的气息。入口时，冷萃咖啡液的醇厚基底之上，凤梨汁的清甜、番茄澄清液的微酸以及香茅糖浆带来的独特风味瞬间在味蕾上绽放。柠檬片与话梅为整体口感增添了一丝清爽的酸甜刺激，而饮用前可选择添加的辣椒粉或姜黄粉，更是为咖啡注入了东南亚美食特有的热辣与神秘气息，每一口都仿佛带领品尝者穿越到了东南亚的热带风情之中（见表 6-4-1）。

表 6-4-1　番茄凤梨香茅咖啡配方

咖啡	番茄凤梨香茅咖啡
配方	冷萃咖啡液、凤梨汁、番茄澄清液、香茅糖浆、香水柠檬片、话梅、凤梨干片、新鲜香茅梗，可选择撒少量辣椒粉或姜黄粉增添风味

续表

咖啡	番茄凤梨香茅咖啡
调制方法	• 在雪克壶中加入冰块、柠檬片和话梅 • 倒入凤梨汁、番茄汁、香茅糖浆与咖啡液，摇匀30s • 在玻璃杯放入方冰，倒入混合液体，顶部装饰凤梨干片与新鲜香茅梗 • 饮用前可撒少量辣椒粉或姜黄粉

（2）与季节融合。当季应景的食材可以与咖啡的风味结合，设计出独具特色的创新咖啡饮品。以春季的玉兰花和荔枝为主要风味的"玉兰花荔枝咖啡"就是典型代表。咖啡盛装在透明的杯中，冷萃咖啡的淡雅色泽与荔枝汁的清透相融，上方漂浮着几缕如薄纱般的玉兰花瓣提取液，呈现出梦幻的视觉效果。轻嗅之下，玉兰花的香气宛如春日微风拂面，紧接着荔枝的果香扑鼻而来。品尝时，冷萃咖啡的清爽口感与荔枝汁的清甜完美结合。而玉兰花瓣提取液虽用量不多，却在咖啡中留下独特的花香余韵（见表6-4-2）。

表6-4-2　玉兰花荔枝咖啡配方

咖啡	玉兰花荔枝咖啡
配方	冷萃咖啡、荔枝、玉兰花瓣提取液
调制方法	• 杯中倒入冷萃咖啡 • 加入适量荔枝汁 • 滴入几滴玉兰花瓣提取液

（3）与传统文化融合。中国的文化传统类型多样，内涵丰富，咖啡中融入这些元素，既有新意，也是对传统文化的一种传承。比如国内某咖啡品牌的"太极咖啡"便是对中国传统文化的一次创意呈现。浓缩咖啡的深邃黑色与抹茶牛奶的清新绿色巧妙地构成了太极图的形状，白巧克力酱或椰浆点缀其中，宛如太极图中的阴阳鱼眼，视觉效果极具震撼力。闻起来，咖啡的醇厚香气与抹茶的清新茶香相互交织。品尝时，先感受到浓缩咖啡的浓郁醇厚，随后抹茶牛奶的细腻与清新在口中散开，两种截然不同的风味相互碰撞又和谐共存，恰似太极文化中阴阳平衡的理念。这款咖啡以独特的创意将中国传统文化元素融入咖啡之中，为咖啡爱好者带来了全新的味觉与视觉的双重体

验（见表6-4-3）。

表6-4-3　太极咖啡配方

咖啡	太极咖啡
配方	浓缩咖啡、牛奶、抹茶粉、白巧克力酱或椰浆（用于制作白色部分）
调制方法	• 浓缩咖啡倒入杯子的一侧，作为太极图的黑色部分 • 然后用牛奶和抹茶粉混合，制作出绿色的抹茶牛奶，倒入杯子的另一侧，形成太极图的形状 • 最后用白巧克力酱或椰浆在抹茶牛奶上画出太极图的白色部分

2. 咖啡功效创新

咖啡因可以提高新陈代谢率，从而产生燃烧脂肪的效果。这使得咖啡成为办公室久坐人群的佳选：当身体静止时，咖啡会推动新陈代谢。而含有更多蛋白质、益生菌、益生元、MCT、维生素、适应原或CBD的功能性咖啡更是成为新焦点。甚至人们研究把能够促进免疫力的成分——维生素C和维生素D、锌和接骨木果加入咖啡中。咖啡领域功能创新从未间断，代谢咖啡、健脑咖啡、益生菌咖啡、维生素咖啡、植物基咖啡等正在成为咖啡行业的创新趋势。

3. 咖啡杯器型创新

（1）利用奇特器型制作分层咖啡，营造出与众不同的视觉感受。

（2）借助拉花、雕花或印花等手段，营造出各具特色的造型。

（3）运用具有地域特色的容器来出品咖啡。

（四）鸡尾酒创新策略

1. 鸡尾酒主题立意创新

主题立意创新是指需要明确鸡尾酒创作思想，又被称为创意，即确定鸡尾酒的创作意图。它是鸡尾酒创新创作的第一步。鸡尾酒创意灵感可以来源于景色、音乐、文化、艺术、爱情故事、影视题材、典故类题材等，在进行立意时需要充分挖掘主题背后的相关元素，融入鸡尾酒的主题中。

2. 鸡尾酒命名创新

命名是指确定鸡尾酒的名称。为鸡尾酒选择一个合适的名字不但可以增加鸡尾酒的吸引力，而且对消费者欣赏、品尝和记住鸡尾酒都有很大的帮助，对于鸡尾酒的流行和推广也能起到重要作用。鸡尾酒的命名方法众多，常见的有以动植物名命名、以历史故事和人物命名、以各类景观命名、以鸡尾酒配方中的材料命名等。

3. 鸡尾酒配方创新

鸡尾酒配方堪称鸡尾酒创新的核心所在，其涵盖了多个至关重要的方面。首先是鸡尾酒材料的抉择，这不仅涉及各类基酒，如伏特加的纯净浓烈、朗姆酒的醇厚香甜、金酒的独特杜松子风味，还包括各种丰富多样的利口酒、果汁、糖浆等辅料。不同的基酒搭配独特的辅料，能够碰撞出千变万化的口感，如用伏特加搭配蔓越莓汁和青柠汁，能营造出清爽酸甜的独特味觉体验。

载杯的选择同样不容忽视，它不仅是盛装鸡尾酒的容器，更是影响整体体验的关键因素。马天尼杯的优雅细长，能够凸显马天尼鸡尾酒的精致与干练；飓风杯的大容量和独特造型，适合盛放色彩缤纷、果香浓郁的热带风情鸡尾酒，从视觉上增强鸡尾酒的吸引力。

装饰物作为鸡尾酒的点睛之笔，能够极大地提升其视觉效果和风味层次。新鲜的水果切片，如柠檬片、橙子片，不仅能增添色彩，还能在饮用时释放出清新果香；薄荷叶的加入，为鸡尾酒带来一抹清凉的草本气息；而精致的糖边、盐边装饰，则能在入口瞬间丰富口感。

调制方法更是决定鸡尾酒品质和口感的关键环节。摇和法通过剧烈摇晃，使各种材料充分混合，同时降低温度，增加饮品的泡沫感，适合制作含有果汁、奶制品等不易混合的材料的鸡尾酒；搅拌法则更注重轻柔地混合，保持酒液的清澈和口感的顺滑，常用于调制以烈酒为主的鸡尾酒；而搅和法借助搅拌机的力量，将冰块、酒水和其他材料快速混合，打造出冰爽绵密的口感，常用于制作冰沙类鸡尾酒。这些调制方法的巧妙运用，是实现鸡尾酒创新的重要手段（见图 6-4-15～图 6-4-18）。

图 6-4-15　鸡尾酒装饰创新

图 6-4-16　鸡尾酒载杯创新

图 6-4-17　鸡尾酒颜色创新

图 6-4-18　鸡尾酒配方创新

→ 实训实施

一、酒水服务创新设计

（一）实训要求（见表6-4-4）

表6-4-4　酒水服务创新实训要求

实训场景要求	模拟酒吧场景，包含吧台、客座区、酒水区。吧台配备齐全的调酒设备，酒水区有各类基酒、利口酒、果汁、糖浆等原料，客座区布置舒适，营造出轻松的社交氛围，模拟真实酒吧的运营环境
实训工具要求	• 调酒壶、摇酒器、酒吧匙、滤冰器、量酒器等 • 马天尼杯、古典杯、高脚杯等 • 新鲜的水果、薄荷叶等装饰物
实训角色扮演要求	• 调酒师：负责鸡尾酒的创新调制，根据顾客需求和市场趋势，设计新的鸡尾酒配方，展示专业的调酒动作和服务态度 • 顾客：扮演不同类型的消费者，提出口味偏好、特殊场合需求等，考验调酒师的应变能力和服务水平 • 酒吧经理：监督实训过程，协调资源，处理突发情况，对调酒师的表现进行指导和评价，确保实训的顺利进行
实训规则要求	• 创新的鸡尾酒需结合至少两种不同类型的基酒或辅料 • 调制过程需严格按照标准操作流程，注重卫生和安全 • 根据顾客需求提供个性化服务 • 团队成员需密切协作，共同完成实训任务
实训评分表	如表6-4-5所示

（二）实训考核

表6-4-5　酒水服务创新实训评分

评分项目	评分标准	分值	得分
原料搭配	原料搭配合理，口感协调，能突出独特风味	10	
调制手法	熟练运用调制技巧，动作规范、流畅，调制出的鸡尾酒品质高	10	
酒品呈现	鸡尾酒外观美观，装饰搭配恰当，载杯选择合适	10	
服务态度	热情、礼貌、耐心，积极主动为顾客服务，解答疑问	10	
卫生与安全	操作过程注重卫生，正确使用和存放工具、原料，无安全隐患	10	

续表

评分项目	评分标准	分值	得分
市场需求契合度	创新鸡尾酒符合市场趋势，满足不同顾客需求，具有商业推广价值	10	
成本效益	原料成本控制合理，在保证品质的前提下，具有较高的性价比，符合成本效益原则	10	
协作配合	与团队成员沟通顺畅，协作默契，积极承担任务，共同完成实训任务	10	
问题解决	面对突发情况，团队能迅速响应，共同商讨解决办法，效果良好	5	
配方创新	鸡尾酒配方独特新颖，具有创新性，在原料组合、调制方法等方面有突破	10	
文化融合	能将文化元素融入鸡尾酒，如地域文化、历史故事等，增加酒品的文化内涵	5	
总分		100	
教师评价：			

附录 1
酒店服务赛项设备与物品清单

一、前厅接待模块设备与物品清单

表 1.1 前厅接待模块设备与物品清单

类别	名称	主要技术参数 / 品牌	数量
硬件	前厅接待台 + 柜子	• 实木椭圆形桌，规格为 1800mm × 800mm × 750mm • 柜子为三层柜	1
硬件	椅子	规格靠背 760mm，座高 460mm，深 480mm，宽 570mm	3
硬件	制卡机	• 对接前厅模块，可办理入住 • 支持卡片特定尺寸，RS232 接口通讯 • 支持房卡装载与回收	1
硬件	POS 机（有预 授权功能）	• 支持模拟银行卡刷卡、预授权操作 • 打印 2 联支付小票、NFC 刷卡和扫码刷卡 • 2GB+16GB 储存，Android 系统，可装卸电池	1
硬件	手提电脑	14 寸手提电脑	1
用品	电话机	常规、标准座机	1
用品	前台签字垫板	PVC 材质，45cm × 35cm	1
用品	接待台标识牌	亚克力材质，38cm × 8cm × 17cm	1
用品	文件柜	白色，37mm × 34mm × 59mm	1
用品	房卡套	纸制品，10cm × 6.5cm	10

类别	名称	主要技术参数 / 品牌	数量
用品	房卡	PVC 材质，8cm×5.5cm	1
用品	预付款收据	纸制品，21cm×11cm	1
用品	入住登记单	纸制品，29cm×21cm	1
用品	计算器	常规，16.5cm×21cm	1
用品	签字笔	常规	3
用品	A4 纸	（包）装	1

二、客房服务模块设备与物品清单

表 1.2 　客房服务模块设备与物品清单

类别	名称	主要技术参数 / 品牌	数量
硬件	床头柜	长 45cm，宽 45cm，高 55cm	1
硬件	工作台	• 实木多层桌面，厚度 2.5cm，桌面面积 100cm×200cm，高度 75cm • 4cm×4cm 加厚铁管，T 字形镶嵌式 PVC 防撞边 • 桌脚内收可折叠调节高度	1
硬件	床垫	规格 120cm×200cm×22cm（误差 0.5cm），双面均可使用。四周包边立体不易变形	1
硬件	床架	规格 120cm×200cm×20cm+ 床脚 7cm（误差 0.5cm），床架高 20cm	1
用品	被芯	规格 130cm×180cm	1
用品	枕芯	规格 75cm×45cm	2
用品	被套	235cm×185cm×5cm（缩水前 242cm×190cm×5cm）：100% 精梳棉，80 支纱 /400 针	4
用品	枕套	48cm×78cm+155cm（含 5cm 法式飞边）；100% 精棉，80 支纱 /400 针	8
用品	地巾	长 80cm，宽 50cm，100% 纯棉；重量 ≥ 0.45 千克	2
用品	拖鞋	包头不分左右脚	2

类别	名称	主要技术参数 / 品牌	数量
用品	地巾提篮	藤制	1
用品	古典水杯	玻璃、杯口直径 8.5cm	2
用品	瓶装矿泉水	高 17.5cm，底部直径 5.5cm，塑料	2
用品	杯垫	直径 8.5cm，纸制	2
用品	杯盖	最大直径 9.5cm，纸制	2
用品	地巾	长 80cm，宽 50cm，100% 纯棉	1
用品	晚安卡	长 12cm，宽 9cm，纸制，帐篷立式	1

三、餐饮服务模块设备与物品清单

表 1.3　餐饮服务模块设备与物品清单

类别	名称	主要技术参数 / 品牌	数量
硬件	圆形餐桌	直径 180cm，高 75cm	1
硬件	餐椅（中餐）	高 95cm，坐高 48cm，椅面 47cm×45cm，不锈钢，布艺座面	10
硬件	工作台	• 实木多层桌面，厚度 2.5cm，长 100cm，宽 200cm，高度 75cm • 4cm×4cm 加厚铁管，T 字形镶嵌式 PVC 防撞边 • 桌脚内收可折叠调酒高度	1
硬件	置物台	• 实木多层桌面，厚度 2.5cm，长 100cm，宽 200cm，高 75cm • 4cm×4cm 加厚铁管，T 字形镶嵌式 PVC 防撞边 • 桌脚内收可折叠调酒高度	1
硬件	长方形餐桌	长 150cm，宽 70cm，高 75cm	1
硬件	餐椅（西餐）	高 95cm，坐高 48cm，椅面 47cm×45cm，不锈钢，布艺座面	4
硬件	收餐车	95cm×50cm×95cm，三层	1
用品（中餐）	防滑托盘（含托盘垫）	外直径 35.5cm，内直径 32cm，配托盘垫（直径 32cm）。厚度 0.3cm，材质：软胶，两面亮面	4
用品（中餐）	餐碟（骨碟）	外直径 20.3cm，内直径 12.5cm	10

类别	名称	主要技术参数 / 品牌	数量
用品 （中餐）	汤碗	碗口直径 11.3cm，底部直径 5cm，高 4cm	10
用品 （中餐）	味碟	碟口径 7.3cm，底部直径 4cm，高 1.8cm	10
用品 （中餐）	汤勺	长 13.7cm，宽 3.8cm	13
用品 （中餐）	筷架	长 7.3cm，底部长 7.7cm；宽 2.8cm，底部宽 3.1cm，高 1.3cm，勺子位长 5cm，圆形凹口位 3cm；筷子位顶部 2.2cm，凹位 1.3cm，高度 1.6cm	10
用品 （中餐）	筷子 （含快套）	• 筷套长 29.5cm，宽 3cm • 筷子长 26.3cm	10
用品 （中餐）	水杯 （414mL）	杯口外直径 6.5cm，内直径 6.1cm，内高 13.5cm，外高 18.7cm，杯底直径 6.7cm，厚度 0.4cm，玻璃	10
用品 （中餐）	葡萄酒杯 （14cl）	杯口外直径 5.8cm，内直径 5.5cm，内高 6.9cm，外高 14cm，杯底直径 5.7cm，厚度 0.2cm，玻璃	10
用品 （中餐）	白酒杯 （2.6cl）	杯口外直径 3.7cm，内直径 3.4cm，内高 3.3cm，外高 8.9cm，杯底直径 4.1cm，厚度 0.2cm，玻璃	10
用品 （中餐）	牙签	长 8.3cm，宽 1.5cm，130 克铜版纸，单尖竹签 2 支，印刷 logo	10
用品 （中餐）	折叠餐巾专用 大盘	直径 40cm，纯平板釉面	1
用品 （中餐）	置物台桌裙	100cm×200cm×75cm	1
用品 （中餐）	甜羹汤碗	4.5 英寸，高 6.8cm，口径 11.8cm，瓷器	10
用品 （中餐）	大汤碗	高 9cm，直径 25cm，瓷器	2
用品 （中餐）	分汤勺	总长度 29.5cm，勺径 7.5cm	2
用品 （中餐）	底碟	直径 17.5cm	10

类别	名称	主要技术参数 / 品牌	数量
用品（中餐）	酒瓶（套）	• 葡萄酒瓶：墨绿色 750mL，高 32cm，瓶身直径 7.3cm，外口径 2.7cm，内口径 1.9cm • 白酒瓶：透明色 500mL，高 26.5cm，瓶身直径 6.6cm，外口径 2.75cm，内口径 1.75cm	2
用品（西餐）	不锈钢餐具	前菜刀叉、鱼刀叉、主菜刀叉、甜品叉勺、黄油刀、咖啡勺、汤勺	10
用品（西餐）	三套杯	红葡萄酒杯、白葡萄酒杯、水杯	10
用品（西餐）	冰桶	常规	1
用品（西餐）	咖啡壶 / 茶壶	常规	3
用品（西餐）	糖缸	常规	3
用品（西餐）	奶盅	常规	3
用品（西餐）	瓷盘 1	前菜盘 8 时	3
用品（西餐）	瓷盘 2	展示盘 10.5 时	3
用品（西餐）	汤盘	8 时宽边碗 + 底碟	3
用品（西餐）	面包盘	直径 16.5cm	10
用品（西餐）	黄油碟	直径 6.5cm	10
用品（西餐）	水扎壶	1000mL	1
用品（西餐）	咖啡杯 / 茶杯、底碟	底碟直径 14cm，杯子直径 8.5cm	10

四、酒水服务模块设备与物品清单

表 1.4　酒水服务模块设备与物品清单

类别	名称	主要技术参数 / 品牌	数量
硬件	制冰机	—	1
用品（咖啡）	工作台	• 实木多层桌面，厚度 2.5cm，100cm×200cm，高度 75cm • 4cm×4cm 加厚铁管，T 字形镶嵌式 PVC 防撞边 • 桌脚内收可折叠调酒高度	1
用品（咖啡）	意式半自动咖啡机	双蒸煮头，配有软水和滤水器	1
用品（咖啡）	意式磨豆机	半自动，电控或手控	1
用品（咖啡）	咖啡冲煮器具	手冲壶、虹吸壶、爱乐压、法式压滤壶	各 1
用品（咖啡）	陶瓷咖啡杯具	90mL、180mL、240mL、360mL，有耳带杯垫和咖啡勺	/
用品（咖啡）	咖啡电子秤	—	2
用品（鸡尾酒调制）	工作台	• 实木多层桌面，厚度 2.5cm，100cm×200cm，高度 75cm • 4cm×4cm 加厚铁管，T 字形镶嵌式 PVC 防撞边 • 桌脚内收可折叠调酒高度	1
用品（鸡尾酒调制）	玻璃杯具	古典杯、马天尼杯、直身杯、香槟笛杯、葡萄酒杯、飓风杯、子弹杯等	/
用品（鸡尾酒调制）	调饮工具	调酒壶、量杯、吧匙、捣棒、砧板、水果刀、混合杯、冰铲、冰桶、冰架夹	/
用品（鸡尾酒调制）	电动搅拌机	—	1
用品（鸡尾酒调制）	调酒操作台	180cm×90cm	1
用品（鸡尾酒调制）	一次性耗材	吸管、杯垫	若干
用品（鸡尾酒调制）	模拟酒单	供客人模拟点单使用	/

续表

类别	名称	主要技术参数 / 品牌	数量
用品（侍酒服务）	工作台	• 实木多层桌面，厚度 2.5cm，100cm×200cm，高度 75cm • 4cm×4cm 加厚铁管，T 字形镶嵌式 PVC 防撞边 • 桌脚内收可折叠调酒高度	1
用品（侍酒服务）	玻璃杯具	起泡酒杯、白葡萄酒杯、红葡萄酒杯	/
用品（侍酒服务）	侍酒工具	海马刀、手电筒、冰桶	/
用品（侍酒服务）	小碟子	陶瓷或金属材质，用于盛放酒帽、酒塞等小件物品	/
用品（侍酒服务）	红酒篮	金属材质，有提手	1
用品（侍酒服务）	老酒醒酒器	小肚子型	1
用品（侍酒服务）	餐巾	全棉，边长 46~56cm	若干
用品（侍酒服务）	圆托盘	直径 46~56cm	若干
用品（侍酒服务）	酒水架	用于摆放葡萄酒	1
用品（侍酒服务）	侍酒操作台	三层酒水车（带轮或不带轮均可）	1
用品（侍酒服务）	模拟酒单	供客人模拟点单使用	/

附录 2

酒店服务赛场平面图

一、2023 年全国职业院校技能大赛（中职组）酒店服务赛场平面图

（一）前厅接待、客房服务赛场平面图

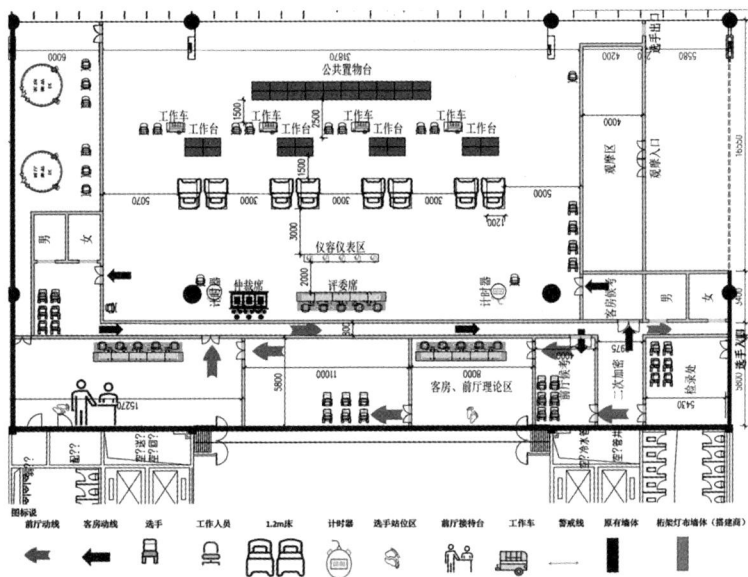

（二）前厅接待、客房服务赛场三维图

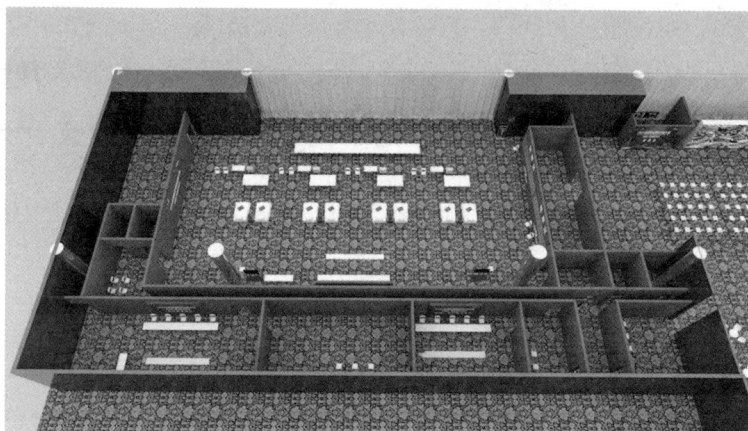

（三）餐饮服务赛场平面图

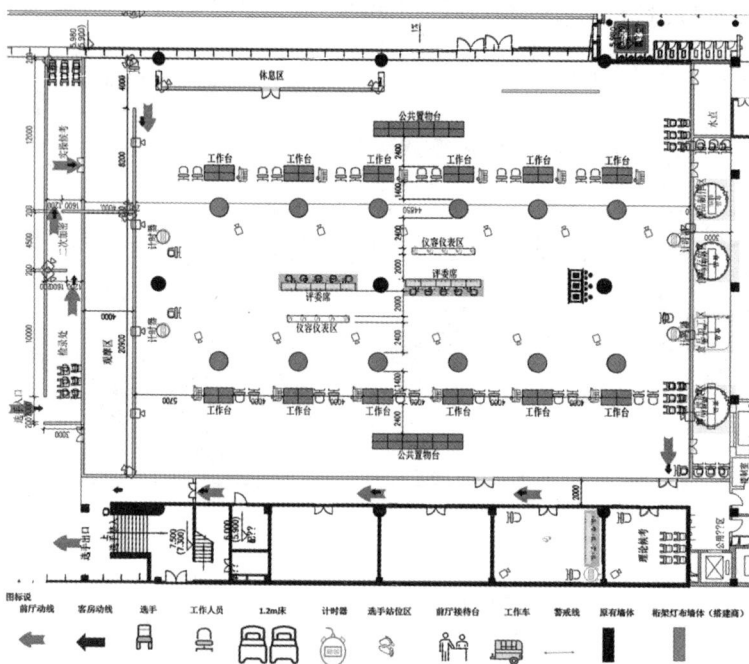

（四）餐饮服务赛场三维图

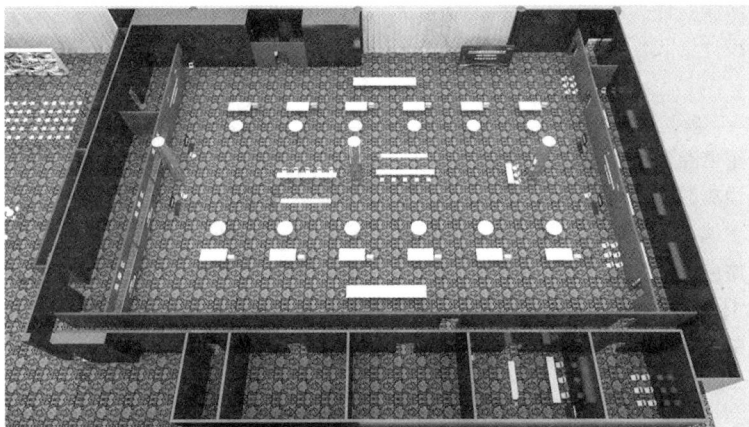

二、2024 年世界职业院校技能大赛中职组旅游赛道（酒店服务赛项）争夺赛赛场平面图

下图为旅游赛道（酒店服务赛项）赛场平面图。

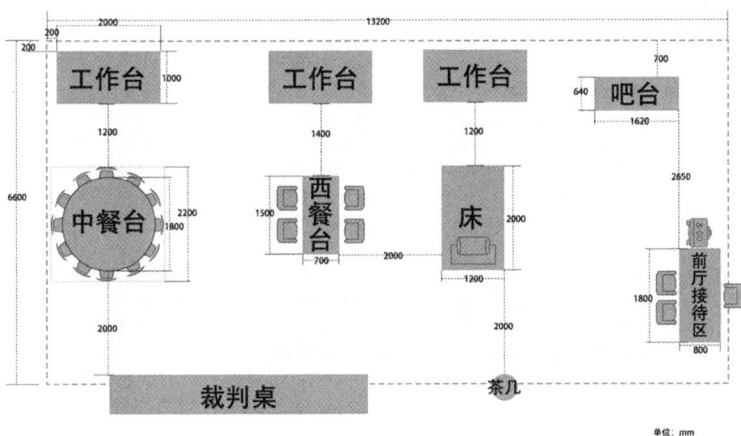

项目策划：武　洋
责任编辑：武　洋
责任印制：钱　宬
封面设计：武爱听

图书在版编目（ＣＩＰ）数据

酒店服务赛事技能培训教程 / 广州市旅游商务职业
学校主编；李伟慰，谭子华，杨镇武执行主编 . -- 北京 ：
中国旅游出版社，2025. 6. -- ISBN 978-7-5032-7530-2

Ⅰ．F719.2

中国国家版本馆 CIP 数据核字第 2025FY3313 号

书　　名：酒店服务赛事技能培训教程

主　　编：广州市旅游商务职业学校
执行主编：李伟慰　谭子华　杨镇武
出版发行：中国旅游出版社
　　　　　（北京静安东里6号　邮编：100028）
　　　　　https://www.cttp.net.cn　E-mail:cttp@mct.gov.cn
　　　　　营销中心电话：010-57377103，010-57377106
　　　　　读者服务部电话：010-57377107
排　　版：北京旅教文化传播有限公司
经　　销：全国各地新华书店
印　　刷：北京明恒达印务有限公司
版　　次：2025年6月第1版　2025年6月第1次印刷
开　　本：720毫米×970毫米　1/16
印　　张：15
字　　数：222千
定　　价：59.80元
ＩＳＢＮ　978-7-5032-7530-2